Jure Leben

Implementação da economia do hidrogénio na Eslovénia

Jure Leben

Implementação da economia do hidrogénio na Eslovénia

ScienciaScripts

Imprint
Any brand names and product names mentioned in this book are subject to trademark, brand or patent protection and are trademarks or registered trademarks of their respective holders. The use of brand names, product names, common names, trade names, product descriptions etc. even without a particular marking in this work is in no way to be construed to mean that such names may be regarded as unrestricted in respect of trademark and brand protection legislation and could thus be used by anyone.

Cover image: www.ingimage.com

Este livro é uma tradução do original publicado sob ISBN 978-3-8433-9240-2.

Publisher:
Sciencia Scripts
is a trademark of
International Book Market Service Ltd., member of OmniScriptum Publishing Group
17 Meldrum Street, Beau Bassin 71504, Mauritius
Printed at: see last page
ISBN: 978-620-2-72976-5

I. Agradecimentos

O tema da economia do hidrogénio e a sua implementação é interdisciplinar. Abrange muitos aspectos da ciência, economia, aspectos sociais e tecnologia. O autor gostaria primeiro de agradecer à minha amada esposa Katja, que me suportou enquanto escrevia o livro, e aos meus pais. Gostaria também de agradecer ao meu consultor de mestrado na Eslovénia, Dr. Stanko Hočevar, que me ajudou com conselhos e apoio durante as nossas discussões sobre este tópico.

1. Introdução

O facto de reproduzirmos e vivermos num mundo finito com recursos limitados tem sido o ponto de partida para muitas discussões e hipóteses mais ou menos bem fundamentadas sobre o desenvolvimento da humanidade ao longo da história. Mas só os dados relativamente recentes sobre os efeitos das actividades humanas no ambiente, na natureza, é que desencadearam uma abordagem científica muito mais séria ao estudo das alterações antropogénicas no ambiente em que todos vivemos. Hoje já não há dúvidas de que o crescimento enormemente rápido (exponencial) das sociedades predominantemente ocidentais nos últimos cem anos se deve à fonte de energia única, relativamente segura e, sobretudo, barata - o petróleo. *Contudo, estamos perante o pico universal de produção de petróleo, após o qual a oferta de petróleo ficará consideravelmente aquém da procura"* (Kenneth, 2006).

A primeira abordagem racional para compreender o que está a acontecer à humanidade à escala global foi desenvolvida pelo Grupo de Dinâmica de Sistemas da Escola de Gestão de Sloan no âmbito do Massachusetts Institute of Technology (MIT), de 1970 a 1972. O conhecido estudo foi publicado pela primeira vez sob o título *"The Limits to Growth"* (Donella at al, 1972), seguido 20 anos mais tarde, em 1992, pelo livro *"Beyond the Limits"* (Donella at al, 1992) e, mais recentemente, pelo livro "Limits to Growth": The 30-Year Update" em 2004 (Donella at al, 2004). Osautores desenvolveram um código informático chamado "World3", que se baseia na abordagem da dinâmica do sistema. Os resultados dos cálculos do modelo, que foram repetidos e actualizados ao longo de um período de 30 anos, mostraram que a humanidade ou se desenvolverá de forma sustentável ou enfrentará um colapso em meados do [século XXI].

O único cenário que conduz a um sistema estacionário é aquele em que o mundo modelo decide sobre um tamanho médio de duas crianças a partir de 2002, tem um controlo de natalidade perfeito, estabelece limites modestos na produção material, e a partir de 2002 começa a desenvolver, investir e utilizar novas tecnologias que aumentam a eficiência da utilização dos recursos, reduzem as emissões poluentes por unidade de produção industrial, controlam a erosão do solo e aumentam os rendimentos do solo até que a nutrição per capita atinja o nível desejado.

Existem outros textos sumários que também apontam na mesma direcção: *"Se queremos sobreviver, temos de reduzir para metade as actuais emissões de gases com efeito de estufa até 2050"* (Ernst, 1997). É claro a partir destes estudos que, qualquer que seja o cenário escolhido, no qual apenas um parâmetro fundamental é alterado (por exemplo: reduzir o crescimento populacional ou aumentar a produção alimentar, ou aumentar a produção material) e os outros permanecem ao nível do "business as usual", mais cedo ou mais tarde a humanidade será confrontada com a crise da poluição, que acabará por conduzir ao colapso da humanidade, fazendo com que o nível populacional e a actividade da humanidade desça abaixo do nível de 1900! Apenas a combinação certa de actividades preventivas com o momento certo pode resolver este complexo

dinâmica do sistema no estado estacionário em que é possível uma vida sustentável na terra. No entanto, todas estas análises estão de acordo em pelo menos um ponto: Não há tempo para comportamentos de "esperar e ver", todos nós precisamos de agir agora, se não demasiado tarde.

1.1 Fornecimento de energia

O sector energético é certamente aquele do qual dependem quase todas as actividades humanas. A produção de calor e electricidade para <u>aplicações fixas</u> (residências, fábricas, instituições públicas, etc.) e todos os tipos de sistemas de propulsão para <u>aplicações móveis</u>, utilizando principalmente motores de combustão interna (ICE) com combustíveis líquidos, bem como tecnologias modernas de informação e comunicação que utilizam diferentes tipos de fontes de energia para <u>aplicações portáteis</u>, baseiam-se na utilização da mistura de fontes de energia primária, na qual os combustíveis fósseis desempenham um papel dominante. No entanto, uma utilização tão generalizada dos combustíveis fósseis por uma população mundial em constante crescimento (6,5 mil milhões em 2006) levanta dois problemas: em primeiro lugar, o fornecimento de combustíveis fósseis e, em segundo lugar, a degradação ambiental. Os dois estão interligados, uma vez que a utilização de combustíveis sólidos, líquidos e gasosos à base de hidrocarbonetos pelos motores de combustão interna nos transportes, a produção de electricidade e calor em casas particulares e na indústria, e a produção de fertilizantes na agricultura conduzem à formação de produtos de combustão cujos principais componentes são dióxido de carbono e óxidos de azoto, todos eles na lista de gases que provocam o efeito de estufa. Como resultado, alguns outros gases com efeito de estufa são produzidos em grandes quantidades, tais como o metano na agricultura.

Como consequência dos problemas de fornecimento de energia e degradação ambiental, o mundo terá de reduzir o seu consumo de combustíveis fósseis. Hoje em dia, a electricidade é a <u>fonte de energia</u> mais amplamente utilizada. Contudo, é muito inconveniente para o armazenamento em termos de densidade de potência e potência específica, e em termos de duração de armazenamento (por exemplo, em baterias, acumuladores, condensadores).

1.2 Desenvolvimento e penetração no mercado

O desenvolvimento e a penetração no mercado de cada nova tecnologia segue uma curva de saturação sigmoidal, que pode ser dividida aproximadamente em três secções: o "período de incubação" com pouco crescimento e acumulação de conhecimentos e know-how necessários, o rápido período de penetração no mercado, em que o mercado potencial coincide, e o período de saturação, em que o mercado está saturado com os produtos da nova tecnologia. Para qualquer pequena economia, especialmente se for suficientemente aberta, é da maior importância poder estimar o momento certo em que esta economia "entrará em jogo". Uma pequena economia, se bem organizada, é capaz de concentrar um esforço considerável em termos de investimento, a fim de se tornar um precursor na adopção de novas tecnologias, mas não por um longo período de tempo. Nesses casos, o momento certo e o prazo certo são cruciais para a tomada de decisões.

A Eslovénia não tem potencial económico suficiente para se tornar um líder no desenvolvimento de certas novas tecnologias, mas pode tornar-se um dos primeiros a adoptar essas tecnologias, desde que um certo nível de

O desenvolvimento socioeconómico é alcançado e certos valores marginais para o desenvolvimento do sistema são atingidos. O caso das tecnologias do hidrogénio e das células de combustível é muito atractivo para a Eslovénia por várias razões, incluindo o consumo relativamente elevado de energia, com a estrutura das fontes de energia primária a deslocar-se para combustíveis fósseis líquidos e gasosos e a elevada taxa de emissão de gases com efeito de estufa como consequência. A introdução de uma nova fonte de energia produzida a partir de fontes de energia renováveis com elevada eficiência é, portanto, uma forma de alcançar a sustentabilidade na Eslovénia.

1.3 O hidrogénio como solução

O próximo portador de energia que pode ser utilizado no futuro é o hidrogénio. É o elemento químico mais abundante no universo. É altamente reactivo e não ocorre na forma elementar, mas apenas em compostos químicos. O hidrogénio é um portador de energia secundária que pode ser obtido a partir de qualquer fonte de energia primária e pode ser utilizado em aplicações móveis, estacionárias e portáteis. As maiores quantidades de hidrogénio são armazenadas na água, em hidrocarbonetos com fontes de energia primária fóssil (carvão, petróleo e gás natural) e depois em todos os organismos vivos como parte de compostos orgânicos. Ao contrário da electricidade, o hidrogénio, uma vez produzido, pode ser armazenado em grandes quantidades durante longos períodos de tempo. *O dispositivo de conversão de energia que utiliza hidrogénio e oxigénio (ar) para gerar directamente electricidade é um dispositivo electroquímico chamado célula de combustível. O hidrogénio e a electricidade têm a notável propriedade de serem complementares e permutáveis, graças a tecnologias baseadas na engenharia electroquímica: Fuel Cell and Electrolyzer"* (Aline, 2008).

Historicamente, a tendência "natural" das novas tecnologias para utilizar combustíveis químicos com um maior conteúdo energético coincide com os combustíveis que têm uma relação hidrogénio/carbono cada vez mais elevada: Madeira, carvão, petróleo, gás natural. Esta é a conclusão que pode ser tirada: O combustível mais forte entre os combustíveis químicos é o hidrogénio, e é natural que a humanidade comece a utilizá-lo num futuro próximo. É óbvio que o *foco no futuro será nos tipos de produção de hidrogénio que são sustentáveis (como o hidrogénio a* *partir da biomassa) ou, melhor ainda, <u>renováveis</u> (como o hidrogénio produzido por electrólise com electricidade do sol, vento, energia geotérmica, água, etc.).* (Hočevar, 2008) *"O ciclo do hidrogénio limpo consiste em produzir hidrogénio a partir de energia renovável, armazenando-o e transportando-o para o utilizador final, onde pode ser convertido em electricidade e calor utilizando uma célula de combustível. A maioria das tecnologias para este processo cíclico estão hoje disponíveis. No entanto, ainda não são competitivos em termos de custos com as tecnologias de combustíveis fósseis"* (Aline, 2008)

2. Dissertação e metodologia

2.1 Tese de diploma

Hipótese: "Existe uma correlação entre os indicadores de desenvolvimento nacional e o nível de tecnologia de hidrogénio implementado e a estratégia nacional de hidrogénio desenvolvida para a implementação". Este livro mostra a correlação entre os indicadores de desenvolvimento nacional e a implementação de uma economia de hidrogénio em países mais desenvolvidos, especialmente na Eslovénia. Esta correlação mostrará uma correlação com indicadores de desenvolvimento tais como o número de patentes, o número de doutoramentos (ciência e tecnologia), o número de investigadores e o número de tecnologias de hidrogénio implementadas. A investigação mostrará valores de correlação entre indicadores de desenvolvimento específicos e mostrará porque é que a Alemanha já tem uma estratégia nacional de hidrogénio e porque é que a tecnologia está em funcionamento. Além disso, a investigação mostrará porque é que a Eslovénia está apenas no início das suas actividades de implementação.

A investigação sobre estas inter-relações ajudará a identificar áreas onde são necessárias melhorias para permitir à Eslovénia juntar-se a outros países europeus na implementação da tecnologia do hidrogénio.

Há muitos países e regiões que já elaboraram estratégias nacionais ou regionais de desenvolvimento do hidrogénio para a implementação da tecnologia do hidrogénio e das pilhas de combustível. Neste livro são examinados os seguintes países: Canadá, Alemanha, Finlândia, Eslovénia, Espanha, Itália, Japão, EUA, Dinamarca e Noruega.

Os países mais desenvolvidos estão melhor colocados para desenvolver tal estratégia a nível nacional em termos de ensino superior, investimento em investigação e desenvolvimento de novas tecnologias e número de investigadores e engenheiros titulares de doutoramentos. Além disso, estes países têm também um ambiente de apoio com uma perspectiva social mais aberta sobre a tecnologia a ser implementada, uma vez desenvolvida.

É importante compreender que o investimento em investigação e desenvolvimento requer grandes somas de dinheiro, que são mais fáceis de gastar em países como a Alemanha do que na Eslovénia. Por outro lado, a Eslovénia já tem um grande potencial no campo da investigação do hidrogénio. Este potencial pode ser desenvolvido para implementação a nível nacional, se houver uma boa estratégia de implementação. Existem também já várias empresas e instituições de investigação na Eslovénia que trabalham no desenvolvimento de componentes para sistemas de células de combustível, que poderiam ser trazidos muito mais facilmente para a fase de implementação com uma boa estratégia nacional.

Nos países mais desenvolvidos é também mais fácil ultrapassar o medo dos resultados das novas tecnologias. A Eslovénia tem um problema com isto a nível nacional e na indústria. O governo é deixado para trás, à espera que todos os outros países implementem e depois se juntem a ele, em vez de tentarem e assumirem a liderança. O mesmo se aplica à indústria. Qualquer pessoa pode obter informações sobre o nível de investimento em investigação e desenvolvimento nos países da UE e em todo o mundo. Contudo, isto não tem sido suficiente para convencer as empresas a investir mais em investigação e desenvolvimento. A indústria eslovena está à espera de um grande passo do governo que a convença a desenvolver certas tecnologias. Uma tal abordagem resultará na manutenção dos salários mensais e na realização de negócios num ciclo fechado. Esta abordagem conduzirá também a uma perda de tempo na investigação, desenvolvimento e implementação, o que significa que a Eslovénia está relativamente atrasada na sua economia de hidrogénio em comparação com outros países da UE.

2.2 Metodologia

Foram seleccionados os seguintes países para a análise: Finlândia, Alemanha, Espanha, Itália, Noruega, Dinamarca, EUA, Japão, Canadá e Eslovénia. Estes países são líderes na implementação da tecnologia do hidrogénio e das pilhas de combustível. Já desenvolveram estratégias nacionais para a implementação do hidrogénio e já iniciaram a produção e distribuição de hidrogénio, veículos a hidrogénio na estrada e uma rede de estações de abastecimento. O papel de liderança destes países pode ser visto na tecnologia do hidrogénio implementada e nos documentos de estratégia nacional, que podem ser vistos nos gráficos abaixo. A medida em que estes países desenvolveram a tecnologia do hidrogénio foi também reconhecida no Congresso Mundial de Energia do Hidrogénio de 2008 em Brisbane, Austrália.

A metodologia aqui utilizada baseia-se num "instantâneo" temporal mostrando um grau de penetração precoce no mercado das tecnologias do hidrogénio e das pilhas de combustível em aplicações móveis e estacionárias em nove países desenvolvidos e na Eslovénia, que são líderes no desenvolvimento e na adopção precoce destas tecnologias. Os indicadores de desenvolvimento socioeconómico foram utilizados para caracterizar estes países e, quando disponíveis, para encontrar correlações com a penetração no mercado das tecnologias do hidrogénio e das pilhas de combustível nestes países. A Eslovénia será caracterizada como "instantâneo" com o mesmo conjunto de indicadores de desenvolvimento sócio-económico e depois será analisado se o país está pronto para começar a introduzir as tecnologias do hidrogénio e das pilhas de combustível. *A abordagem clássica de seguir os indicadores em séries temporais para diferentes países e depois analisá-los estatisticamente (por exemplo, utilizando a metodologia da distância temporal)"* (Sicherl, 2007) não é possível neste caso, porque a introdução da tecnologia do hidrogénio e das pilhas de combustível no mercado da maioria dos países tem apenas alguns anos e o intervalo de tempo varia de país para país.

2.2.1 Comparativo entre países

A abordagem de estudo comparativo entre países utilizada neste livro representa uma tentativa de encontrar uma ligação (correlação) entre um conjunto normalizado de indicadores estruturais e de inovação nacionais e os indicadores sobre a penetração no mercado de tecnologias específicas de hidrogénio e de células de combustível. Há pelo menos dois problemas metodológicos a serem abordados:

- *O clássico estudo comparativo entre países envolveria a análise estatística de séries cronológicas de indicadores. A comparação bidimensional simultânea de dados de séries cronológicas, tanto na vertical (medidas padrão de diferença estática) como na horizontal (intervalo de tempo Sicherl), é uma ferramenta de aplicação muito prática para monitorizar a realização de objectivos tanto a nível nacional como internacional"* (Sicherl, 1973). Contudo, este método não pôde ser aplicado neste estudo porque não existem dados de séries cronológicas para os indicadores de penetração no mercado da tecnologia do hidrogénio e das pilhas de combustível por períodos suficientemente longos (digamos 10 anos) em todos os nove países utilizados para comparação.

- Por outro lado, a hora de início da implementação de hidrogénio e células de combustível

  A tecnologia em cada um destes nove países é diferente e reflecte intrinsecamente a "maturidade" (nível de desenvolvimento, capacidade de inovação) destes países para implementar esta nova tecnologia. Estamos no início da penetração desta tecnologia no mercado, em que cada país tem a sua própria posição de partida, que varia no tempo. Desta forma, o desfasamento temporal é inerente à análise dos indicadores entre países, e o "instantâneo no tempo" utilizado neste estudo representa na realidade o desenvolvimento ao longo do tempo da penetração no mercado da tecnologia do hidrogénio e das pilhas de combustível, distribuída entre os países de acordo com o nível dos seus indicadores estruturais e de inovação.

2.2.2 Primeiro passo da metodologia

Em primeiro lugar, foram identificados os principais indicadores nacionais. Estes dão uma imagem clara das condições de enquadramento num país para a introdução de novas tecnologias

A lista de indicadores de desenvolvimento utilizada pela Comissão Europeia tem sido seguida a fim de manter a coerência metodológica com os dados estatísticos existentes para os países da UE (Comissão das Comunidades Europeias, Indicadores de Desenvolvimento, Comunicação da Comissão COM(2001) 619 final, Bruxelas, 30.10.2001). Os indicadores são inicialmente divididos entre indicadores do contexto económico geral e os de áreas especializadas (emprego, inovação e investigação, reforma económica, coesão social, ambiente). É alcançado um equilíbrio entre as áreas desta lista com seis indicadores para cada uma das cinco áreas e seis indicadores para o contexto económico geral. Isto daria um total de trinta e seis indicadores. Apenas o número limitado de indicadores tem sido utilizado para os fins deste estudo. Estes indicadores foram seleccionados para cobrir as seguintes áreas: Contexto económico geral, inovação e investigação e ambiente. No início da tecnologia do hidrogénio e das células de combustível, só nestas áreas se pode esperar alguma correlação com os indicadores tecnológicos específicos descritos abaixo. Da lista de indicadores nestas três áreas, apenas foram utilizados os que são relevantes para o tema deste estudo, e que são estes:

- 1 (um) indicador do domínio dos indicadores do contexto económico geral (PIB per capita em PPC)
- 4 (quatro) indicadores do domínio da inovação e investigação de indicadores (despesa pública em educação, despesa em I&D, número de investigadores, doutoramentos em ciência e tecnologia, patentes)
- 2 (dois) indicadores ambientais de indicadores (emissões de gases com efeito de estufa, intensidade energética da economia).

São adicionados dois indicadores adicionais: o consumo total de energia per capita e a intensidade de emissão de gases com efeito de estufa da economia. O primeiro é utilizado na área dos indicadores do contexto económico geral e o segundo na área do ambiente. O indicador do consumo total de energia per capita não está incluído na lista de indicadores da CE, o que é difícil de explicar com argumentos sólidos. O indicador da intensidade de emissão de gases com efeito de estufa da economia é um indicador composto análogo à intensidade energética do indicador económico utilizado pela CE. Mostra a quantidade de gases com efeito de estufa emitidos por unidade do PIB para um determinado país.

A fim de monitorizar a relação entre os indicadores acima referidos e a implementação da nova tecnologia do hidrogénio e das pilhas de combustível, foram utilizados 3 (três) indicadores adicionais específicos da tecnologia: Produção de hidrogénio, número de estações de enchimento de hidrogénio e número de veículos a pilhas de combustível a hidrogénio (todos por milhão de habitantes).

Os indicadores utilizados neste estudo podem ser agrupados hierarquicamente da seguinte forma:

(i) Ao mais alto nível, os indicadores de desenvolvimento mais comuns são o consumo total de energia per capita (TOT_EN) e a contribuição das energias renováveis para o fornecimento de energia como percentagem do fornecimento total de energia primária (REN_EN).

(ii) Ao nível inferior, existem dois indicadores: produto interno bruto per capita (PIB em PPC) e emissões de gases com efeito de estufa per capita (GEE).

(iii) No nível inferior seguinte encontram-se os indicadores que, presumivelmente, dependem do PIB: Despesa total em instituições educacionais a todos os níveis de ensino em percentagem do PIB (PIB_EDU), despesa interna bruta em I&D em percentagem do PIB (PIB_RD).

(iv) O nível inferior seguinte é um dos indicadores que mede a eficácia deste investimento em termos do número total de doutoramentos em ciência e engenharia por milhão de habitantes (PHD_NO) e em termos do número de investigadores por mil empregados a tempo inteiro (RES_NO).

(v) Ao nível mais baixo encontram-se indicadores específicos "orientados para o produto", tais como o número total de patentes por milhão de habitantes (PAT_NO) ou indicadores relevantes para o desenvolvimento de tecnologias específicas, tais como a produção de hidrogénio por ano e por milhão de habitantes (H2_PROD), o número de estações de enchimento de hidrogénio por milhão de habitantes

população (H2_STNO) e número de veículos a pilhas de combustível de hidrogénio por milhão de habitantes (FCV_NO).

Todos os indicadores, a sua definição e fonte podem ser encontrados no Anexo 11 do presente documento.

A fonte da informação foi o Serviço de Estatística da Comissão Europeia (CE), a Organização de Cooperação e Desenvolvimento Económico e as agências governamentais eslovenas.

2.2.3 Segunda etapa da metodologia

O passo seguinte é determinar o estado da arte da tecnologia utilizada até agora nestes países. A fonte de informação para a análise estatística será a comunicação pessoal com os governos seleccionados e os documentos nacionais disponíveis na Internet. Foram estabelecidos contactos pessoais durante o meu trabalho sobre a regulamentação da UE relativa aos veículos a hidrogénio, com a Eslovénia em

Bruxelas como representante nacional para o hidrogénio e como chefe do grupo governamental esloveno para o hidrogénio. Serão acrescentadas informações adicionais com a comunicação pessoal à indústria automóvel para números exactos de veículos a hidrogénio nas estradas. Uma lista completa das pessoas de contacto é apresentada no Anexo 12 deste documento.

2.2.4 Terceira etapa da metodologia

Na avaliação dos países relativamente à tecnologia do hidrogénio implementada, foi utilizado o programa estatístico SYSTAT 10 para analisar a correlação entre os indicadores seleccionados e o nível implementado da tecnologia do hidrogénio.

Para medir a força da associação entre as variáveis de desempenho (indicadores), foi utilizado o método de matriz de dispersão (SPLOM) dentro do pacote de software SYSTAT 10 (SPSS Inc. , Chicago, IL, EUA). Esta matriz mostra os histogramas de cada variável na diagonal e os gráficos de dispersão (parcelas x-y) de cada variável em comparação com as outras.

A medida mais comum de associação é o *coeficiente de correlação produto-momento de Pearson*, que varia entre -1 e +1. Uma correlação de Pearson de 0 indica que nenhuma das variáveis pode ser prevista a partir da outra por uma equação linear. Uma correlação de Pearson de 1 indica que uma variável pode ser perfeitamente prevista por uma função linear positiva da outra e vice-versa. E um valor de -1 indica o mesmo, excepto que a função tem um sinal negativo para a inclinação da linha.

É muitas vezes útil criar uma matriz de *coeficientes de correlação de ordem de classificação Spearman.* Esta medida é uma versão não paramétrica do coeficiente de correlação de Pearson, com base nas classificações dos dados e não nos valores reais. As diferenças absolutas entre os dois coeficientes podem revelar características pouco usuais, tais como outliers e distribuições altamente distorcidas.

3. O estado da arte nas tecnologias do hidrogénio e das pilhas de combustível

As células de combustível são dispositivos que geram electricidade numa reacção electroquímica entre hidrogénio e oxigénio. As células de combustível são promissoras como fontes de energia electroquímica comercialmente viáveis, limpas e eficientes" (Williams, 2000). *Todos os principais fabricantes de automóveis do mundo estão a desenvolver veículos movidos a pilhas de hidrogénio* (Life, personal work on the EU hydrogen regulation, 2006). Outras aplicações de sistemas de células de combustível podem ser encontradas em aplicações estacionárias para a produção de electricidade e calor amigos do ambiente, bem como para dispositivos portáteis.

As células de combustível têm uma estrutura muito simples que consiste em três camadas sobrepostas:

- a primeira camada é o ânodo
- o segundo um electrólito e
- a terceira camada é o catódico.

Fonte: Fuel Cell Handbook, 2004

O ânodo e o cátodo servem de catalizador. A camada do meio é constituída por uma membrana condutora de iões, permeável ao gás. Diferentes substâncias são utilizadas como electrólitos em diferentes tipos de células de combustível. Alguns electrólitos são imobilizados sob a forma líquida numa membrana porosa. Alguns são sólidos, com uma estrutura de membrana permeável ao gás" (Timm, 2000).

Como resultado, é gerada uma voltagem entre os dois eléctrodos. Quando os eléctrodos são ligados à carga, é gerada uma corrente contínua. Várias destas células individuais podem ser ligadas em série para formar uma "pilha de células de combustível" (Fuel Cell Handbook, 2004).

O conceito de economia do hidrogénio está intimamente ligado à produção de energia renovável. A electricidade gerada a partir de fontes renováveis é difícil de armazenar. O armazenamento de electricidade sob a forma de hidrogénio é mais eficiente do que em baterias. A implementação da produção regenerativa anda de mãos dadas com a implementação da economia do hidrogénio. É essencial criar regulamentos políticos a fim de orientar as operações para as energias renováveis e a energia do hidrogénio. Esta abordagem não deve tornar-se um fardo de reorganização, mas deve ser vista como uma nova oportunidade de negócio para a independência energética.

3.1 Aplicação móvel

Existem vários desenhos básicos de células de combustível para utilização em aplicações móveis. A célula de combustível inverte o processo de electrólise, que conhecemos da física ou da química na escola primária. Na electrólise, a água é decomposta nos componentes gasosos oxigénio e hidrogénio, fornecendo energia eléctrica.

A célula de permuta de protões (PEM) é amplamente utilizada em veículos" (Norbeck, 1996). A célula de combustível PEM é construída como uma sanduíche. No meio há uma fina folha de plástico, o 'PEM'. *Esta membrana é revestida em ambos os lados com uma fina camada catalisadora e um eléctrodo permeável ao gás. O membrana é rodeada por duas 'placas bipolares'. Os canais de gás nestas placas permitem que o hidrogénio flua de um lado e o oxigénio do outro. O catalisador decompõe os átomos de hidrogénio em prótons e electrões. Os prótons podem passar o círculo interior através da membrana, mas os electrões não podem. Os electrões podem passar pelo circuito exterior, que consiste num motor eléctrico"* (Aline, 2008).

3.2 Aplicações estacionárias

O hidrogénio pode ser utilizado em aplicações estacionárias para a produção combinada de calor e electricidade. A vantagem de utilizar ambos os produtos - electricidade e calor - é a eficiência global muito elevada do sistema para a melhor utilização possível das fontes de energia primária. *Embora as centrais de produção combinada de calor e electricidade não sejam nada de novo, a tecnologia com células de combustível ainda se encontra em fase de demonstração/aprendizagem. Muitas empresas em todo o mundo estão a realizar projectos de pequena escala para mostrar como um futuro fornecimento de energia poderia funcionar"* (Winter, 2000).

Durante o dia, o hidrogénio pode ser produzido por electrólise com energia renovável. O hidrogénio pode então ser armazenado. Durante a noite, o hidrogénio pode ser convertido em energia eléctrica e calor numa célula de combustível. Desta forma, a energia renovável recolhida durante o dia é armazenada para ser utilizada durante a noite. Pode-se imaginar como o nosso sistema energético mudaria se milhares de aplicações deste tipo fossem instaladas directamente em edifícios residenciais. *Isto permitiria a produção descentralizada de electricidade e permitiria uma utilização mais eficiente da fonte de energia primária.*

É importante notar que o consumo total de energia e as emissões de gases com efeito de estufa seriam significativamente reduzidos mesmo que as células combustíveis fossem inicialmente operadas em conjunto com um reformador que converte gás natural" (Vizoroglu, 2000).

Podemos tomar os nossos hospitais como um exemplo. Cada hospital dispõe de geradores diesel de reserva para a produção de energia. Estes geradores produzem emissões negativas para o ambiente e ruído durante o funcionamento. Devem também ser regularmente mantidos e postos em funcionamento a intervalos regulares para assegurar que os geradores estão em condições adequadas. Por outro lado, as aplicações estacionárias de hidrogénio representam um grande avanço. Especialmente os geradores de hidrogénio:

(i) Não requerem comissionamento regular e requerem muito pouca manutenção;

(ii) A sua eficiência e fiabilidade é muito superior à dos geradores a diesel; e

(iii) não produzem emissões negativas ou ruído durante a utilização. Em vez disso, o vapor de água é o único produto final.

Fonte: Cox

O hidrogénio e as células de combustível também podem ser utilizados para o fornecimento de energia em aplicações portáteis tais como telemóveis, computadores portáteis, walkmans, câmaras de vídeo e muitas outras" (Sapru, 2000).

Os computadores já funcionam com hidrogénio e células de combustível. O seu tempo de funcionamento é superior ao tempo de funcionamento dos computadores alimentados por baterias de lítio convencionais. Quando o hidrogénio é consumido, o utilizador pode simplesmente inserir um novo cartucho. O velho cartucho pode ser enchido de novo. Além disso, as microcélulas de combustível podem ser integradas em telemóveis. Podemos ver já apresentados protótipos com um tempo de funcionamento de cinquenta horas.

O hidrogénio e as células de combustível também podem ser utilizados para conduzir sinais de trânsito. Estudos sobre o funcionamento dos sinais de trânsito mostraram que o sistema pode funcionar durante semanas se houver reservatórios suficientemente grandes disponíveis. Este sistema oferece custos operacionais mais baixos do que o funcionamento do sistema com baterias de igual capacidade.

4. Indicadores de desenvolvimento

Uma comparação dos países com base na quantidade de tecnologia de hidrogénio implementada é muito difícil, uma vez que esta tecnologia ainda se encontra em fase de desenvolvimento ou demonstração. Os países seleccionados diferem uns dos outros pela sua dimensão, riqueza ou localização geográfica no globo. Foram seleccionados estritamente de acordo com a sua participação activa na implementação do hidrogénio e a extensão da tecnologia do hidrogénio implementada. A dimensão dos países ou das suas economias pode variar, mas questões fundamentais como a educação, investigação, número de patentes e número de estudantes de doutoramento estão presentes na estrutura de cada país.

Os indicadores da investigação através do desenvolvimento mostrarão em que áreas a Eslovénia está atrasada em relação aos outros países seleccionados em termos de desenvolvimento. Estes países são a Alemanha, Finlândia, Espanha, Itália, Noruega, Dinamarca, EUA, Japão e Canadá. O desenvolvimento mais lento em certos sectores na Eslovénia significa que não existe uma estratégia nacional de hidrogénio desenvolvida.

Há muitas organizações que fornecem listas de indicadores. Escolhi a Organização para a

Cooperação e Desenvolvimento Económico (OCDE), que cobre o mais amplo campo de indicadores da vida humana. A OCDE é também frequentemente referida em relatórios de investigação, documentos de desenvolvimento e outros artigos científicos. O Eurostat da UE foi também utilizado como fonte de informação.

O Anexo 11 deste documento inclui um quadro que descreve os indicadores e as suas fontes. A análise do país inclui também estatísticas sobre a tecnologia do hidrogénio utilizada no país para a produção, distribuição e utilização final. Estes números foram divididos de acordo com a população do país e são também utilizados na análise estatística:

- Quantidade de produção de hidrogénio em toneladas por milhão de habitantes
- Quantidade de distribuição de hidrogénio (número de estações de enchimento) por milhão de habitantes
- Quantidade de utilização final (número de veículos a hidrogénio) por milhão de habitantes

4.1 Consumo total de energia per capita

Nome do país	Consumo total de energia per capita (kg de óleo equivalente (kg oe) por pessoa)	PIB per capita (FMI, 2007)	Consumo total de energia per capita / PIB per capita
Finlândia	7,218.1	33,023	0.2185
Alemanha	4,203.1	29,148	0.1441
Espanha	3,228.4	32,319	0.0998
Itália	3,127.2	32,319	0.0967
Noruega	5,933.6	47,098	0.1259
Dinamarca	3,852	38,438	0.1002
EUA	7,794.8	44,765	0.1741
Japão	4,040.4	34,024	0.1187
Canadá	8,300.7	36,984	0.2244
Eslovénia	3,561.7	26,576	0.1340

Quadro 1: Consumo de energia, fonte: emissões de gases com efeito de estufa por país: http://globalis.gvu.unu.edu/indicator.cfm?IndicatorID=199 PIB per capita: http://en.wikipedia.org/wiki/List_of_countries_by_GDP_(PPP)_per_capita
Consumo de energia per capita: http://earthtrends.wri.org/text/energy-resources/variable-351.html

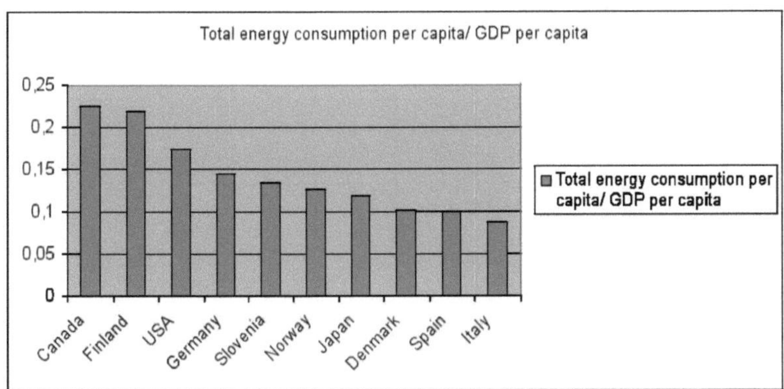

Figura 1: Consumo total de energia per capita / PIB per capita (kgoe/$), fonte: emissões de gases com efeito de estufa por país: http://globalis.gvu.unu.edu/indicator.cfm?IndicatorID=199 PIB per capita: http://en.wikipedia.org/wiki/List_of_countries_by_GDP_(PPP)_per_capita Consumo de energia per capita: http://earthtrends.wri.org/text/energy-resources/variable-351.html

1.1 Contribuição das energias renováveis para o fornecimento de energia, como percentagem do fornecimento total de energia primária

O aumento da produção de energia renovável é a única solução para minimizar o impacto dos gases com efeito de estufa. Isto conduzirá a um abrandamento dos efeitos das alterações climáticas. Cada vez mais governos estão a reconhecer a importância de promover o desenvolvimento sustentável, desenvolvendo ao mesmo tempo políticas energéticas nacionais. O desenvolvimento humano exige um aumento da produção de energia, o que conduzirá a um aumento acentuado das emissões nocivas.

As fontes renováveis são classificadas em energia hídrica, geotérmica, biomassa, solar, eólica, maremotriz e actividade das ondas. Todas estas fontes podem ser utilizadas para produzir hidrogénio por electrólise. Juntos oferecem uma grande solução para reduzir as emissões provenientes dos transportes, dos lares e da indústria. A introdução do hidrogénio também apoia a introdução de energias renováveis, utilizando o hidrogénio como portador de energia.

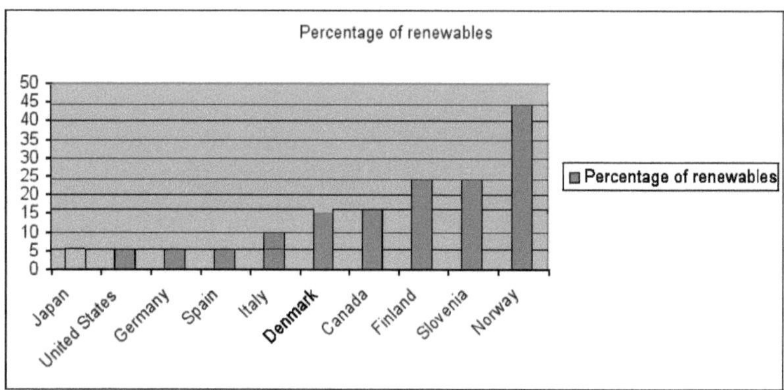

Figura 2: Contribuição das energias renováveis para o fornecimento de energia, como percentagem do fornecimento total de energia primária. Fonte: Estatísticas da Eslovénia obtidas junto do Serviço de Estatística da República da Eslovénia, outros países Fonte: OCDE (http://dx.doi.org/10.1787/633182527251)

1.2 Emissões de gases com efeito de estufa per capita

Nome do país	Emissões de GEE por país (toneladas de equivalentes de CO_2 por pessoa)	PIB per capita (FMI, 2007)	Emissões de GEE por país/ PIB per capita
Finlândia	16,43	33,023	4.97
Alemanha	12,33	29,148	4.23
Espanha	9,79	32,319	3.03
Itália	9,92	32,319	3.07
Noruega	12,08	47,098	2.56
Dinamarca	14,07	38,438	3,66
EUA	23,44	44,765	5.23
Japão	10,49	34,024	3.08
Canadá	23,49	36,984	6.35
Eslovénia	9,97	26,576	3.75

Quadro 2: Emissões de gases com efeito de estufa por país / PIB per capita. Fonte: Emissões de gases com efeito de estufa por país: http://globalis.gvu.unu.edu/indicator.cfm?IndicatorID=199, PIB per capita: http://en.wikipedia.org/wiki/List_of_countries_by_GDP_(PPP)_per_capita, consumo de energia per capita: http://earthtrends.wri.org/text/energy-resources/variable-351.html

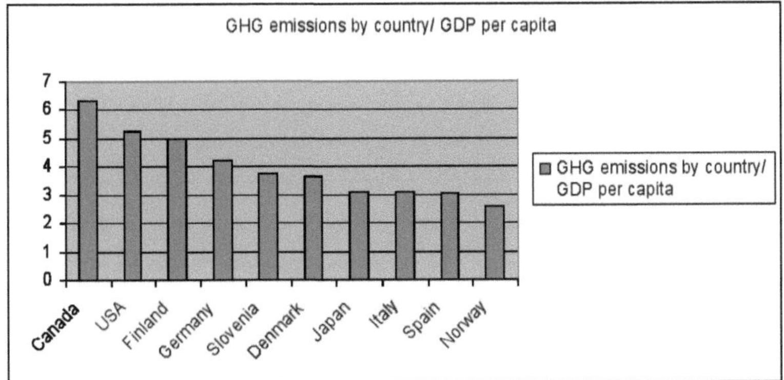

Figura 3: Emissões de GEE por país / PIB per capita

Fonte: Emissões de gases com efeito de estufa por país: http://globalis.gvu.unu.edu/indicator.cfm?IndicatorID=199, PIB per capita: http://en.wikipedia.org/wiki/List_of_countries_by_GDP_(PPP)_per_capita, consumo de energia per capita: http://earthtrends.wri.org/text/energy-resources/variable-351.html

1.3 Despesas públicas e privadas em educação como percentagem do PIB

Este indicador permite-nos determinar o nível de investimento num país para apoiar o desenvolvimento do crescimento económico, aumentar a produtividade, melhorar o desenvolvimento pessoal e social e reduzir as disparidades entre os cidadãos. O investimento na educação é o sector prioritário nos países desenvolvidos.

Na Figura 4 vemos investimentos em escolas, universidades e outras instituições de ensino. Este indicador inclui também investimentos (bolsas) das escolas para estudantes provenientes de famílias pobres. Estas bolsas dão-lhes a oportunidade de continuar a sua educação. Este indicador inclui também investimentos em investigação e desenvolvimento de instituições de ensino.

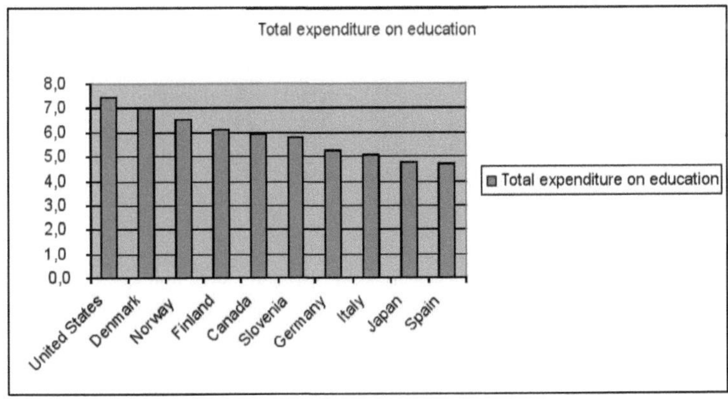

Figura 4: Despesas totais com instituições de ensino para todos os níveis de ensino, em percentagem do PIB para o ano 2003 ou para o último ano disponível Fonte: Estatísticas para a Eslovénia obtidas de Rajko Sabo, MVZT, outros países Fonte: OCDE (http://dx.doi.org/10.1787/223252334523)

1.4 Despesas de investigação e desenvolvimento em percentagem do PIB

O investimento em investigação e desenvolvimento (I&D) é uma informação muito importante para o governo e o sector privado e os seus esforços para obter uma vantagem competitiva na ciência e tecnologia. A I&D inclui trabalho inovador realizado no decurso da acção planeada com o objectivo de aumentar o nível de conhecimento dos investigadores, do público em geral e da sociedade no seu conjunto. Este conhecimento é então utilizado para criar novas tecnologias e aplicações que podem ser implementadas na utilização quotidiana.

A I&D deve ser incluída:

- desenvolvimento experimental como primeira etapa;
- mais investigação básica como segunda fase, e
- investigação aplicada na terceira fase como projectos de demonstração.

Na primeira fase, o trabalho centrar-se-á no lançamento dos alicerces da nova tecnologia para a continuação da investigação. A maior parte deste trabalho é teórico. Na fase seguinte da investigação básica, já estão a ser desenvolvidos objectivos para a aplicação prática da tecnologia pesquisada. Na terceira fase, investigação aplicada, as ideias práticas desenvolvidas na segunda fase são produzidas ou instaladas como projectos de demonstração num ambiente real.

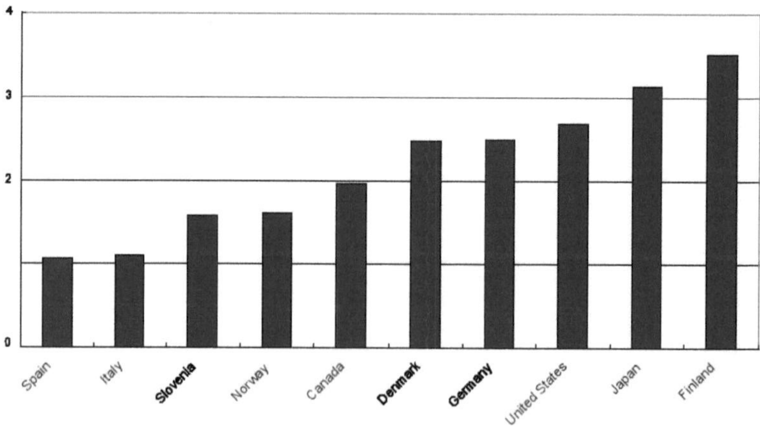

Figura 5: Despesa interna bruta em I&D como percentagem do PIB, 2005 ou último ano disponível.
Fonte: Estatísticas para a Eslovénia, obtidas de Rajko Sabo, MVZT, outros países Fonte: OCDE (http://dx.doi.org/10.1787/083444666356)

1.5 Número de doutoramentos em ciência e tecnologia por milhão de cidadãos

Os doutorados são as pessoas mais susceptíveis de contribuir para o desenvolvimento e difusão do conhecimento, ciência e tecnologia num determinado país. Espera-se que os doutorados dêem um contributo significativo para a melhoria da ciência e para a transferência dos seus conhecimentos duramente conquistados para outros sectores da sociedade.

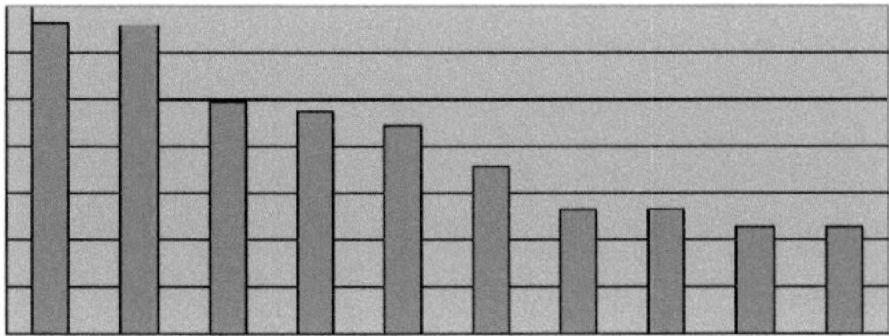

Figura 6: Número total de doutorados em ciências e engenharia por milhão de habitantes em 2004 ou no último ano disponível. Fonte: http://epp.eurostat.ec.europa.eu/cache/ITY_OFFPUB/KS-SF-07-131/EN/KS-SF-07-_131-PT.PDF
Os dados para titulares de doutoramento são retirados de um documento de trabalho baseado nos primeiros resultados da recolha de dados no âmbito do projecto Career of Doctorate Holders (CDH) lançado conjuntamente pela OCDE/Eurostat/UNESCO Institute for Statistics (UIS) em 2004 (Auriol, 2007)

1.6 Número de investigadores por mil empregados a tempo inteiro

Os recursos humanos para a investigação são um elemento essencial na investigação e desenvolvimento de certas tecnologias a nível nacional, regional e local. *"Em 2002, havia cerca de 3,6 milhões de pessoas empregadas em investigação e desenvolvimento na área da OCDE, e cerca de dois terços delas trabalhavam no sector empresarial"* (OCDE).

Os investigadores apresentam um ponto de resultados para o desenvolvimento do conhecimento, do processo de investigação e das novas tecnologias. Os investigadores são necessários em muitos campos, incluindo os militares, universidades e instituições económicas.

Na implementação da tecnologia do hidrogénio, os investigadores são uma parte importante para explicar e ajudar a compreender como funciona a tecnologia. Uma compreensão adequada da tecnologia ajudará a tomar decisões sobre as acções a empreender para criar um ambiente de apoio à implementação da tecnologia. O primeiro passo é compreender a tecnologia. Só então os políticos, governos e outras instituições terão uma imagem clara de como as políticas e estratégias precisam de ser desenvolvidas para apoiar a implementação.

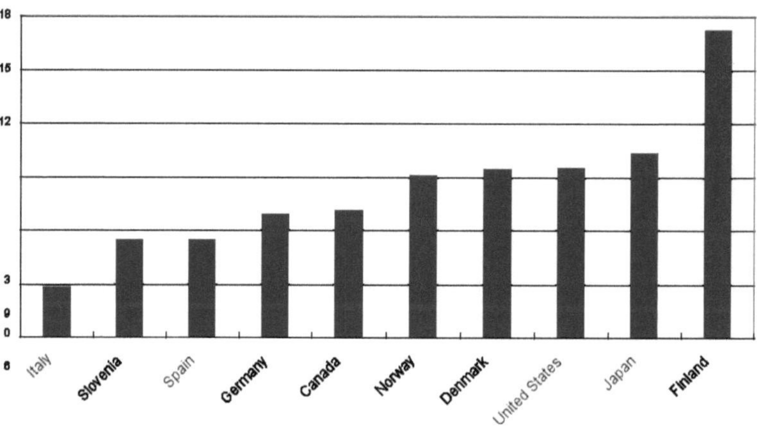

Figura 7: Investigadores, por mil empregados a tempo inteiro, 2004 ou último ano disponível.

Fonte: Estatísticas para a Eslovénia obtidas de Rajko Sabo, Ministério do Ensino Superior, Ciência e Tecnologia (MVZT), outros países Fonte: OCDE (http://dx.doi.org/10.1787/818244047741)

1.7 Número de patentes concedidas por milhão de cidadãos

A economia de cada país está cada vez mais dependente da propriedade intelectual e das patentes, que desempenham um papel crucial. *O número de patentes depositadas no Instituto Europeu de Patentes (EPO) reflecte esta tendência, aumentando de cerca de 100.000 pedidos em 1997 para quase 193.000 em 2005"* (EPO, 2008). O número crescente de pedidos de patentes provém de inventores individuais, pequenas e médias empresas e institutos de investigação. Estão conscientes da importância e do impacto económico da patenteação das suas inovações. Só assim a indústria pode rotular os seus conhecimentos e torná-los globalmente reconhecíveis.

Os países reconhecem que quanto mais patentes forem concedidas a nível nacional, tanto mais elevado será o nível de inovação. Um elevado nível de inovação conduz ao crescimento económico. Como resultado, mais dinheiro pode ser investido em investigação, desenvolvimento e implantação (I&D&D) no futuro. As empresas maiores têm uma vantagem sobre as empresas mais pequenas devido aos custos associados ao processo de patentes. A indústria reconheceu que a concorrência é forte e que uma pequena mudança para um produto pode ser uma vantagem num mercado. Por este motivo, as empresas apresentam pedidos para várias variantes de um mesmo produto. Para além da indústria, as instituições de investigação começam também a patentear as suas invenções e conhecimentos, o que ajuda a trazer o conhecimento das universidades para o público.

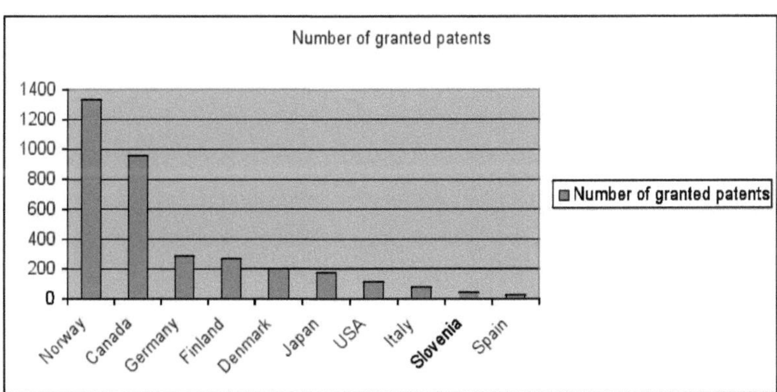

Figura 8: Número total de patentes concedidas por milhão de habitantes em 2005 ou no último ano disponível. Fonte: http://documents.epo.org/projects/babylon/eponet.nsf/0/1EB44C9D02D1E04BC1257314004A60AC/$file/total number of European applicants 2006 inventors residence.pdf
Fonte para a Noruega: http://www.patentstyret.no/upload/Filarkiv/aarsrapport2005/annual report2005.pdf
Fonte para o Canadá: http://strategis.ic.gc.ca/sc mrksv/cipo/corp/annual0405/report0405 part3-e.html#pt

2. Visão geral dos países seleccionados

2.1.1 Indicadores de desenvolvimento

A Eslovénia ainda não é membro da OCDE e está actualmente em vias de ser admitida. Os dados relativos à Eslovénia foram recolhidos pelos ministérios nacionais durante os anos relevantes para os gráficos do presente documento. A Eslovénia investe 1,58% do PIB, o que é muito mais do que a Itália, por exemplo.

A Eslovénia também investe 5,8% do PIB na despesa total em educação e tem 5,5 investigadores por mil empregados a tempo inteiro. Em 2006, a Eslovénia tinha uma quota de 24,5% de energias renováveis no fornecimento de energia, que este ano cobriu um quarto da procura energética da Eslovénia.

Em 2006, a Eslovénia tinha 41,5 patentes por milhão de habitantes e 179 licenciados com doutoramentos em ciências e engenharia.

2.1.2 Estratégia de Hidrogénio

A informação relevante da estratégia eslovena para o hidrogénio é apresentada no Anexo 10 do presente documento.

2.1.3 Ligação entre a estratégia do hidrogénio e os indicadores de desenvolvimento

A estratégia do hidrogénio foi desenvolvida pelo SIHFC com a falta de participação dos organismos governamentais. Esta estratégia não inclui um plano de implementação de novas tecnologias com níveis fixos de investimento financeiro governamental. Em vez disso, fornece uma visão geral da tecnologia e conselhos sobre aquilo em que a investigação se deve concentrar.

O objectivo da estratégia nacional deve ser o de envolver todos os ministérios governamentais e as suas actividades no domínio do hidrogénio. Esta abordagem fornecerá uma imagem realista do investimento financeiro em investigação, desenvolvimento e implantação exigido pelos diferentes ministérios.

Esta estratégia foi escrita com boas intenções, mas infelizmente não tem muita influência sobre o governo e as suas actividades e investimentos.

2.1.4 Campos estratégicos identificados para investimentos

Muito importante é a investigação no domínio da produção de hidrogénio a partir do carvão e da produção sustentável. A investigação sobre a produção de hidrogénio a partir do cabaz energético existente (energia nuclear, energia hidroeléctrica) durante períodos de baixa procura é também de importância crucial. É também importante que as actividades de investigação se concentrem também na pureza do hidrogénio e no seu armazenamento.

Não há provas claras de um processo de aprendizagem de novas tecnologias. Penso que é sempre o caso das experiências do processo "aprender fazendo" e do processo "aprender observando". O ambiente na Eslovénia está a tentar adoptar uma abordagem de "aprender observando" e não está a investir o suficiente em novas tecnologias.

Desenvolvimento tecnológico. Apenas actividades de pequena escala estão presentes no sector, o resto aguarda o momento da produção em massa. O governo e a indústria não se apercebem que até lá será demasiado tarde e que a tecnologia terá de ser comprada no estrangeiro.

A figura 19 abaixo mostra o âmbito actual da tecnologia do hidrogénio implementada no país

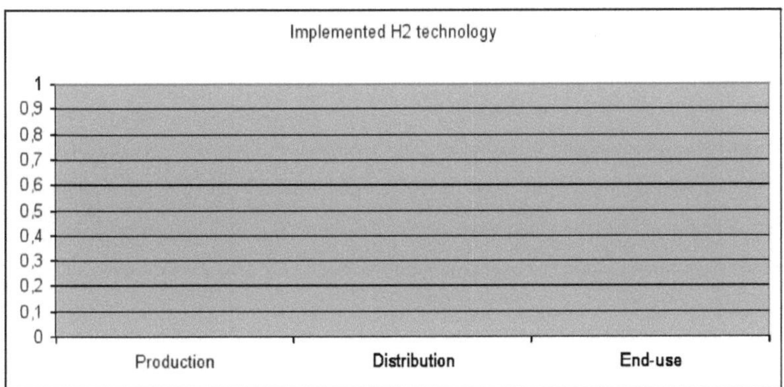

Figura 19: Tecnologia H2 implementada na Eslovénia por milhão de habitantes.
Fonte: http://www.netinform.net/H2/H2Stations/H2Stations.aspx?Continent=EU&StationID=-1

5.2 Alemanha

5.2.1 Indicadores de desenvolvimento

O indicador de I&D mostra que o trabalho inovador realizado durante a abordagem planeada tinha como objectivo aumentar o nível de conhecimento dos investigadores, do público em geral e da sociedade no seu conjunto. Este conhecimento será então utilizado para criar novas tecnologias e aplicações. Estamos todos conscientes de que a Alemanha é um dos países líderes mundiais no campo da tecnologia automóvel e da tecnologia de tráfego futuro que estará nas nossas estradas no futuro. A Alemanha está a investir

2,5% do PIB para a investigação e desenvolvimento, colocando-o no 8º lugar entre os países da OCDE.

A Alemanha também investe 5,3% do PIB na educação privada e pública. O investimento na educação é muito importante porque lança as bases para o desenvolvimento futuro dos jovens e dos investigadores.

Um bom ambiente educacional nos primeiros anos contribui para a obtenção de um nível de doutoramento num país. Em 2004, havia 8132 doutorados em ciências naturais e engenharia na Alemanha. O conhecimento é uma das questões mais importantes para o desenvolvimento e crescimento económico de um país.

A figura 7 mostra que em 2004 havia 7 investigadores por mil empregados a tempo inteiro na Alemanha. Juntamente com parceiros internacionais, a Alemanha quer desenvolver novos mercados-piloto e utilizar tecnologias futuras. *Para este fim, o Governo Federal investir seis mil milhões de euros adicionais em investigação e desenvolvimento até 2009"* (Forschung in Deutschland, brochura) *"Em 2005, a Alemanha exportou bens no valor de 786,1 mil milhões de euros. Em comparação com 2004, isto representou um aumento de 7,5 por cento. Os números das exportações são elevados em engenharia mecânica e de instalações, engenharia eléctrica e nas indústrias química e óptica. É muito importante mencionar que mais de 70% dos veículos produzidos na Alemanha são destinados à exportação"* (Forschung in Deutschland, brochura).

Enquanto falamos da nova tecnologia e da sua implementação, existe também um número significativo de patentes no país. Em 2006, foram registadas 285,7 patentes por milhão de habitantes na Alemanha. Isto é mais uma prova do elevado potencial tecnológico na Alemanha e mostra porque é que a Alemanha já tem um Plano Nacional de Desenvolvimento "Programa de Inovação de Hidrogénio e Células de Combustível".

5.2.2 Estratégia de Hidrogénio

Informações relevantes da estratégia alemã para o hidrogénio são apresentadas no Anexo 1 do presente documento.

5.2.3 Ligação entre a estratégia do hidrogénio e os indicadores de desenvolvimento

Podemos ver pela despesa interna bruta em I&D que a Alemanha criou um ambiente para a introdução de novas tecnologias. O número de investigadores e de doutorandos ajuda no desenvolvimento e investigação de novas tecnologias como o hidrogénio e as células de combustível.

O número de investigadores e titulares de doutoramento é muito importante para apoiar um elevado número de patentes no país. Tendo tudo isto em conta, podemos ver que o desenvolvimento do hidrogénio e os investimentos financeiros estão no bom caminho com os indicadores de desenvolvimento nacional.

5.2.4 Campos estratégicos identificados para investimentos

O desenvolvimento futuro centrar-se-á no hidrogénio produzido com energias renováveis como a gaseificação da biomassa e a electrólise no local (energia eólica). As condutas para a distribuição de hidrogénio estarão em fase de construção, de modo que o transporte por camião (líquido ou comprimido) e a produção local também serão introduzidos, especialmente para o abastecimento em zonas rurais com procura justificada. As diferentes opções de transporte serão propostas em concorrência umas com as outras, dependendo do mercado, da localização geográfica e das distâncias de transporte.

	2007	2020	2030-2050
Produção no local	SMR Subproduto industrial	Electrólise centralizada de CCS no local de SMR Biomassa Vento de gaseificação do carvão	Electrólise centralizada de CCS no local por electrólise de FER centralizada gaseificação de biomassa Gaseificação de carvão CCS (camião
Transporte/Distribuição	Camião CGH2 LH2	Camião	Camiões CGH2 Camiões CGH2 LH2 Gasoduto de curta distância	CGH2, curta distância) Camião LH2 Gasoduto de longa distância

Quadro 3: Produção e distribuição de hidrogénio. Fonte: HyWays

A figura 9 seguinte mostra todas as tecnologias de hidrogénio utilizadas na Alemanha.

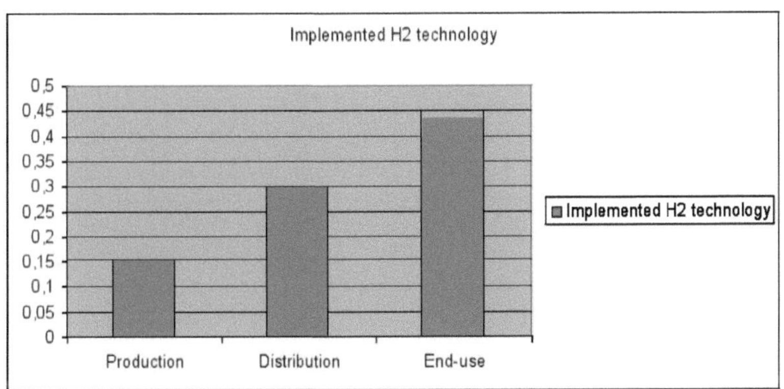

Figura 9: Tecnologia H2 utilizada na Alemanha por milhão de habitantes. Fonte: http://www.netinform.net/H2/H2Stations/H2Stations.aspx?Continent=EU&StationID=-1

5.3. Finlândia

5.3.1 Indicadores de desenvolvimento

A Finlândia é um dos três países com a maior despesa interna bruta em I&D, juntamente com a Suécia e o Japão. Esta é uma base muito importante para o desenvolvimento de novas tecnologias no país. O número de investigadores por cada mil empregados está subjacente a este resultado. A Finlândia é o líder entre os países da OCDE no campo dos investigadores. O número de patentes na Finlândia, com 5,2 milhões de habitantes, é de 273,4 por milhão de habitantes. Isto é ligeiramente menos do que na Alemanha, que tem 82,4 milhões de habitantes. A Finlândia tinha 667 doutorados em ciências e engenharia em 2004. A Finlândia também já tem uma quota de 23,4% de energias renováveis no seu aprovisionamento energético.

5.3.2 Estratégia de Hidrogénio

A informação relevante da estratégia finlandesa para o hidrogénio é apresentada no Anexo 2 do presente documento.

5.3.3 Ligação entre a estratégia do hidrogénio e os indicadores de desenvolvimento

Apesar do campo de investigação desenvolvido e do programa estratégico para a tecnologia do hidrogénio, a Finlândia não tem actualmente qualquer tecnologia do hidrogénio utilizada em espaços públicos ou em estradas.

No entanto, o Plano Estratégico de Hidrogénio delineia as prioridades de desenvolvimento e os investimentos financeiros para o apoiar. É apenas uma questão de tempo até a Finlândia se juntar à rede nórdica de hidrogénio com as suas aplicações.

5.3.4 Campos estratégicos identificados para investimentos

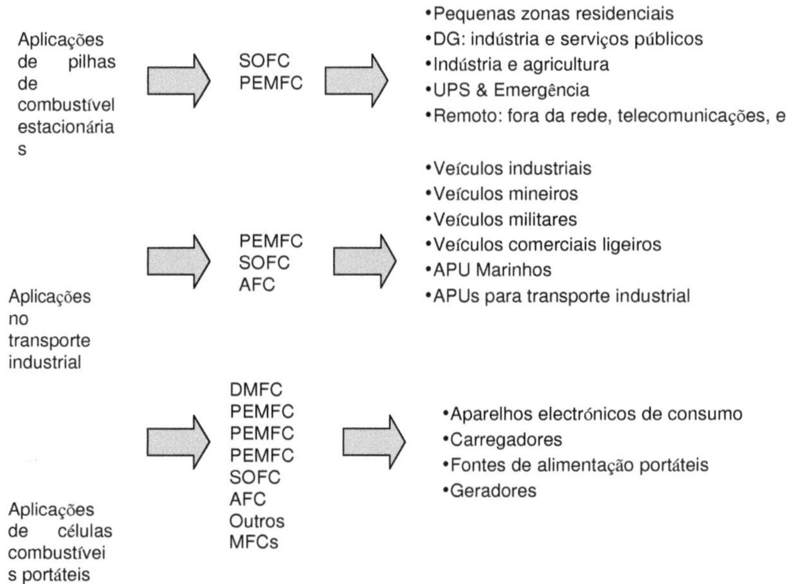

Figura 10: Áreas nucleares do desenvolvimento de células de combustível na Finlândia. Fonte: Tekes, Programa de Desenvolvimento de Pilhas de Combustível 2007-2013

A figura 11 abaixo mostra a tecnologia do hidrogénio implementada na Finlândia. O gráfico está vazio, uma vez que nenhuma tecnologia está actualmente implementada na Finlândia. Está a ser desenvolvida uma estratégia nacional e é uma questão de meses quando as primeiras aplicações de hidrogénio serão implementadas.

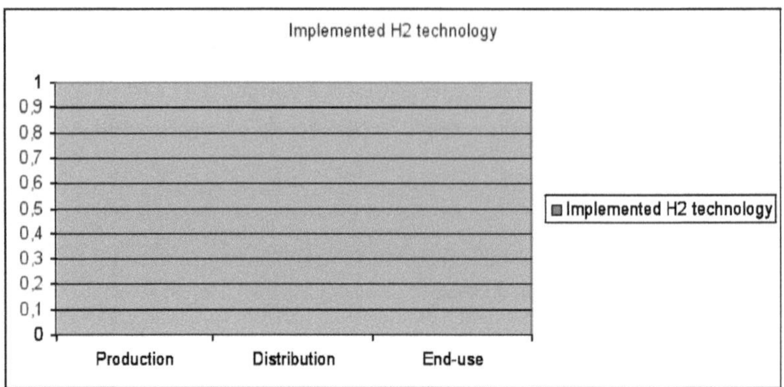

Figura 11: Tecnologia H2 implementada na Finlândia por milhão de habitantes. Fonte: http://www.netinform.net/H2/H2Stations/H2Stations.aspx?Continent=EU&StationID=-1

5.4. Espanha

5.4.1 Indicadores de desenvolvimento

A Espanha é semelhante à Itália, investindo pouco mais de 1% da despesa interna bruta em I&D. No entanto, há 6 investigadores a tempo inteiro por cada mil empregados em Espanha. A Espanha também tem 2852 doutorados em ciências e engenharia em 2005. Em 2006, a Espanha tinha 29,5 patentes por milhão de habitantes. Este número faz de Espanha um dos mais baixos da comunidade da UE. Com a sua localização geográfica, a Espanha tem boas condições para a implementação da tecnologia do hidrogénio. O hidrogénio pode ser produzido de forma sustentável no país com energia eólica e solar.

5.4.2 Estratégia de Hidrogénio

A informação relevante da estratégia espanhola para o hidrogénio é apresentada no Anexo 3 do presente documento.

5.4.3 Ligação entre a estratégia do hidrogénio e os indicadores de desenvolvimento

A Espanha reconheceu que a tecnologia do hidrogénio pode contribuir para a segurança energética nacional, uma vez que 82% da sua energia é importada de outros países" (Estabelecer a economia do hidrogénio em Espanha). Por esta razão, a Espanha preparou três documentos energéticos nacionais para apoiar a mudança no sentido de uma utilização e produção de energia mais sustentável: Estratégia de Poupança e Eficiência Energética 2004-2012, Plano de Energias Renováveis 2005-2010 e Plano Nacional de Energia. A Espanha reconheceu que a reconstrução do sector energético é necessária para apoiar a economia do hidrogénio. A produção de electricidade a partir da energia solar e eólica pode ser a sua grande vantagem para a segurança energética e a produção local de hidrogénio, o que conduzirá a um desenvolvimento do preço do hidrogénio. Para

Espanha, é crucial explorar as vantagens geográficas com a energia solar e eólica. Também permitirá à Espanha minimizar o impacto sobre o ambiente e reduzir as emissões dos sectores dos transportes e doméstico.

5.4.4 Campos estratégicos identificados para investimentos

A economia do hidrogénio criará 20.000 empregos adicionais em Espanha nas áreas da produção de componentes e capacidades de integração" (Construir a tecnologia do hidrogénio em Espanha) O desenvolvimento industrial melhorado centrar-se-á no estabelecimento dos custos do combustível hidrogénio entre os mais baratos de todos os estados membros.

A investigação da indústria indica que os grandes veículos H2 serão competitivos a partir de 2030 e os veículos médios a partir de 2040.

A Espanha identificou oportunidades de negócio no desenvolvimento da tecnologia do hidrogénio. Note-se que a Espanha deve participar no desenvolvimento precoce do mercado, caso contrário, uma participação tardia poderia levar à perda de empregos e a um declínio do PIB no sector industrial.

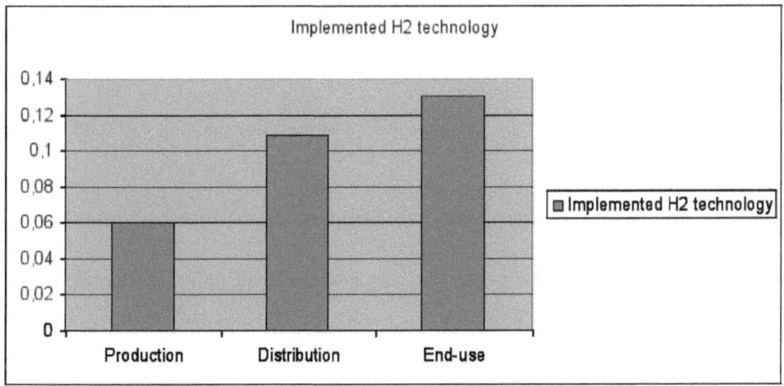

Figura 12: Tecnologia H2 implementada em Espanha por milhão de cidadãos.

Fonte: http://www.netinform.net/H2/H2Stations/H2Stations.aspx?Continent=EU&StationID=-1

5.5 Itália

5.5.1 Indicadores de desenvolvimento

A Itália é um dos países da OCDE com a mais baixa despesa interna bruta em I&D. A Itália contribui apenas com pouco mais de 1 % do PIB. Isto reflecte-se também nas despesas totais com instituições de ensino para todos os níveis de ensino. A Itália contribui com pouco mais de 5% nesta área em 2004. É surpreendente que a Itália tenha apenas 3 investigadores por 1.000 empregados, apesar da sua posição nos sectores automóvel e energético na UE e nos mercados mundiais. Neste contexto, em 2006, a Itália tinha 7,7 contribuição percentual das energias renováveis para o cabaz energético. Além disso, 82,6 patentes por milhão de habitantes foram registadas em Itália em 2006.

Devido às dificuldades com falhas no sistema eléctrico, que levaram a problemas no fornecimento de energia, o governo desenvolveu critérios para o desenvolvimento futuro do sector energético italiano:

1. Conseguir um melhor cabaz energético e uma maior segurança no fornecimento de energia primária;

2. Aumentar a quota das energias renováveis;

3. promover o desenvolvimento industrial em sectores inovadores de alta tecnologia a fim de criar as condições para um crescimento social e económico adequado;

4. reduzir as emissões de gases com efeito de estufa (CO_2) para cumprir os compromissos de Quioto e os futuros compromissos pós-Quioto; e

5. Controlo e redução das emissões de poluentes atmosféricos em áreas urbanas e/ou densamente povoadas onde os limites ambientais são frequentemente violados.

Fonte: Nobili A. 2007

5.5.2 Estratégia de Hidrogénio

No Anexo 4 do presente documento são apresentadas informações relevantes da estratégia italiana para o hidrogénio.

5.5.3 Ligação entre a estratégia do hidrogénio e os indicadores de desenvolvimento

A Itália irá integrar estrategicamente a economia do hidrogénio a nível nacional, ligando-a à indústria automóvel e aos fornecedores de combustíveis fósseis. A indústria automóvel em Itália desempenha um papel importante. As autoridades reconheceram a necessidade de aumentar o número de patentes no país e o investimento em investigação e desenvolvimento. As regiões em Itália desempenham um papel activo no desenvolvimento do hidrogénio. Além disso, as autoridades das regiões estão conscientes de que a implementação local é muito importante para uma implementação nacional eficiente.

5.5.4 Campos estratégicos identificados para investimentos

O Plano de Desenvolvimento do Hidrogénio para Itália também identifica áreas estratégicas de investimento e prioridades de investigação:

- Tecnologias rentáveis para a produção de hidrogénio a partir de fontes renováveis
- Tecnologias altamente eficientes para a produção de H2 a partir de combustíveis fósseis com captura e armazenamento de CO_2

- Sistemas PEFC para a condução de veículos para permitir a produção em série
- Sistemas de armazenamento de hidrogénio eficientes e seguros para o transporte
- Sistemas de células de combustível (PEFC, MCFC) para produção distribuída de energia e aplicações marítimas (vida útil superior a 40000 h, custo de 1500-2000 euros/kW em 2015).

Fonte: Antonio Mattuci, ENEA

O programa de investigação e desenvolvimento do hidrogénio foi já lançado em 2005 com o apoio do fundo especial de investigação integradora que foi criado. O fundo será de 90 milhões de euros com um valor total dos 14 projectos de cerca de 120 milhões de euros. 36 instituições da indústria, organizações de investigação e universidades estão envolvidas neste desenvolvimento. O programa está planeado para 3 anos.

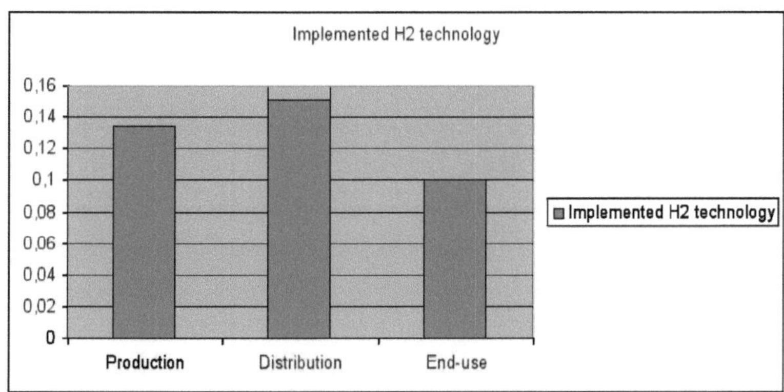

Figura 13: Quantidade de tecnologia H2 implementada em Itália por milhão de habitantes.
Fonte: http://www.netinform.net/H2/H2Stations/H2Stations.aspx?Continent=EU&StationID=-1

5.6 Noruega

5.6.1 Indicadores de desenvolvimento

A Noruega investe 1,6 % da despesa interna bruta em I&D a nível nacional. Isto coloca-a no meio dos países da OCDE. A Noruega é um dos países líderes em termos de despesas totais com instituições de ensino. Enquanto governo, investe 7% do PIB total. O investimento na educação compensa com mais de 9 investigadores por mil empregados a tempo inteiro.

Com uma quota de 43,5% de energias renováveis no abastecimento energético, a Noruega ocupa o segundo lugar entre os países da OCDE, logo atrás da Islândia. A maior parte da produção de energia renovável provém da energia hídrica e eólica. Para a Noruega é evidente que a produção de energia renovável, juntamente com hidrogénio e um transportador de energia, pode ser uma grande vantagem para a segurança energética e para a minimização das emissões do sector dos transportes.

O número total de patentes por milhão de habitantes é também muito elevado na Noruega, com 1330 em 2005. Em 2004, a Noruega tinha 210 doutorados em ciências e engenharia. Os indicadores de desenvolvimento mostram muito bem que o sector da investigação e educação juntamente com a promoção das energias renováveis é muito importante para apoiar a implementação da economia do hidrogénio.

5.6.2 Estratégia de Hidrogénio

A informação relevante da Estratégia Norueguesa para o Hidrogénio é dada no Anexo 5 do presente documento.

5.6.3 Ligação entre a estratégia do hidrogénio e os indicadores de desenvolvimento

Os recursos hidroeléctricos nacionais fizeram da Noruega o sexto maior produtor hidroeléctrico do mundo, que é agora utilizado na rede eléctrica nórdica" (Nordpool). *A Noruega está também classificada em sétimo lugar a nível mundial na produção de petróleo e é o terceiro maior exportador de petróleo"* (Nordpool). *A Noruega exporta gás natural para a UE e é o quarto maior exportador de gás natural do mundo"* (Nordpool).

O desenvolvimento do sistema energético nacional continuará a depender fortemente da electricidade proveniente principalmente de fontes renováveis. Para apoiar isto, foi construído no século passado um grande número de centrais hidroeléctricas. Entre outras coisas, foi desenvolvido e melhorado um sistema de transmissão e distribuição de electricidade a nível nacional. Estas actividades conduzirão a uma elevada dependência da electricidade como fonte de energia primária. Espera-se que o desenvolvimento do sistema energético seja compatível com a preservação dos ecossistemas naturais (fiordes, montanhas, florestas, quedas de água, glaciares e a longa linha costeira). Esta natureza intocada é a base de uma extensa indústria turística que, combinada com um elevado nível de consciência ambiental, desafia uma maior exploração tanto dos recursos energéticos fósseis como renováveis.

5.6.4 Campos estratégicos identificados para investimentos

A Noruega identificou vantagens para a implementação da tecnologia do hidrogénio

- Produção em grande escala de hidrogénio a partir da água (electrólise) com base em fontes de energia renováveis (água, vento, energia dos oceanos)
- Recursos necessários para a produção em grande escala a partir do gás natural
- Ligar os principais actores industriais neste campo (grandes empresas de energia)

- Ligar comunidades de investigação que se encontram na vanguarda das principais áreas tecnológicas, tanto em tecnologias-chave do hidrogénio como na captura e armazenamento de carbono.

"Na Noruega, foram gastos aproximadamente 80 milhões de NOK em 2005 em actividades de investigação, desenvolvimento e demonstração relacionadas com o hidrogénio, divididos em 25 milhões de NOK da RENERGI (MPE), 22 milhões de NOK da RENERGI (MTL), 19 milhões de NOK da NANOMAT (MER) e 14 milhões de NOK da CLIMIT (MPE/Fonds)" (Estratégia Norueguesa para o Hidrogénio).

A figura 14 abaixo mostra o estado da tecnologia do hidrogénio implementada

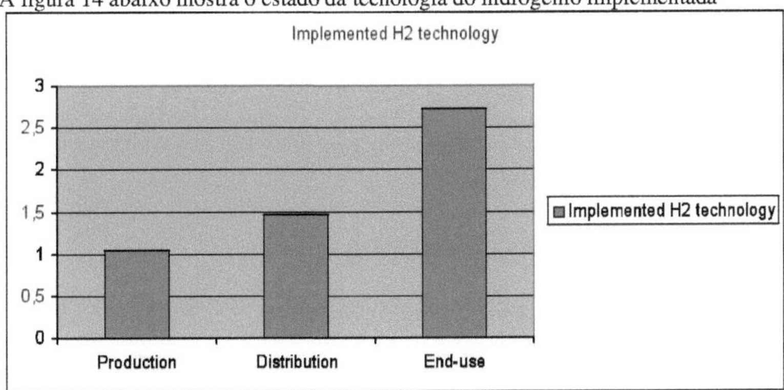

Figura 14: Quantidade de tecnologia H2 implementada na Noruega por milhão de habitantes.
Fonte: http://www.netinform.net/H2/H2Stations/H2Stations.aspx?Continent=EU&StationID=-1

5.7 Dinamarca

5.7.1 Indicadores de desenvolvimento

A Dinamarca, tal como a Alemanha, investe 2,5% da despesa interna bruta em I&D. Isto é muito importante para a criação de um ambiente de apoio à implementação do hidrogénio. A Dinamarca também investe 7% do PIB em instituições de ensino. A Dinamarca é um dos países líderes em termos do nível de investigadores. Tem mais de 9 investigadores por cada mil empregados a tempo inteiro.

A Dinamarca já tem uma elevada quota de energias renováveis no seu fornecimento de energia, cerca de 15,7% através de uma combinação de energia solar, hídrica, eólica e geotérmica. Estas condições são uma base muito boa para o desenvolvimento futuro da produção de hidrogénio e da utilização do hidrogénio como portador de energia. A Dinamarca tem também um elevado número de patentes, o que a coloca num dos lugares mais altos entre os países da OCDE com 198 patentes por milhão de habitantes. A Dinamarca também teve um elevado número de 476 doutorados em ciências e engenharia em 2004.

5.7.2 Estratégia de Hidrogénio

A informação relevante da Estratégia Dinamarquesa para o Hidrogénio é dada no Anexo 6 do presente documento.

5.7.3 Ligação entre a estratégia do hidrogénio e os indicadores de desenvolvimento

Com elevado investimento em educação, doutorados e um elevado número de patentes, a Dinamarca está muito bem colocada para apoiar a investigação e demonstração da tecnologia do hidrogénio e das pilhas de combustível.

Além disso, a Dinamarca já dispõe de condições naturais para a produção de hidrogénio. Ao utilizar energias renováveis, a Dinamarca pode aumentar a sua quota-parte de energias renováveis no cabaz energético.

Isto pode levar à independência no sector energético e à criação de preços para o hidrogénio que se adaptem ao ambiente económico nacional.

5.7.4 Campos estratégicos identificados para investimentos

O quadro seguinte mostra as áreas prioritárias dinamarquesas no âmbito da investigação, desenvolvimento e demonstração tanto na tecnologia de hidrogénio como de células de combustível.

Produção	Área de financiamento recomendado	INVESTIGAÇÃO E DESENVOLVIMENTO	Demonstração
	Pequenos reformadores (combustível convencional para hidrogénio)	Desenvolvimento e integração em plantas	Eficiência, fiabilidade e preço
	Electrólise através de células de combustível reversíveis	Melhor compreensão dos processos; desenvolvimento de protótipos	Desenho e selecção de material
	Produção conjunta de combustível líquido contendo hidrogénio e hidrogénio a partir de biomassa	Produção optimizada de hidrogénio puro e de combustível líquido contendo hidrogénio	Eficiência, fiabilidade e preço
Armazenamento	Hidretos e aminas metálicas, materiais não porosos e recipientes de pressão ligeira	Optimização à escala laboratorial Nanotecnologia - novos materiais	Design e funcionalidade, baixo preço
Aplicação - estacionário, portátil e de transporte	Desenvolvimento de tecnologias e sistemas de células de combustível - actividades integradas	Desenvolvimento de células e sistemas de empilhamento, integração de sistemas, melhoria da eficiência, vida útil, menor Custos	Concepção, funcionamento, fiabilidade, vida útil e preço, infra-estruturas (distribuição, estações de serviço, etc.)

Análise do sistema, etc.	Análises sócio-económicas, análises de sistemas e infra-estruturas	Análises sócio-económicas e outras (ciclo de vida, aceitação pública, recursos, avaliações, etc.) Integração de novos componentes
	Segurança, normas e análise ambiental	Análises e avaliações de segurança e normas (tanto para sistemas como para componentes)

Quadro 4: Indicação se o projecto inclui I&D ou demonstração. Fonte: Estratégia Dinamarquesa de Desenvolvimento e Demonstração do Hidrogénio

A figura 15 abaixo mostra a quantidade de tecnologia do hidrogénio implementada no país

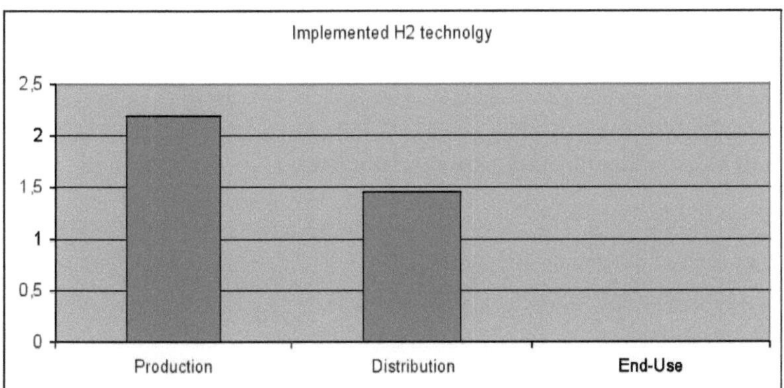

Figura 15: Quantidade de tecnologia H2 implementada na Dinamarca por milhão de habitantes.
Fonte: http://www.netinform.net/H2/H2Stations/H2Stations.aspx?Continent=EU&StationID=-1

5.8 EUA

5.8.1 Indicadores de desenvolvimento

Os EUA investem mais de 2,7% da despesa interna bruta em investigação e desenvolvimento, colocando os EUA no 7º lugar entre os países da OCDE. Os EUA também investem mais de 7% do PIB em instituições educacionais a nível nacional. O país tem também mais de 9 investigadores por cada mil empregados a tempo inteiro. Este número é muito importante uma vez que é necessária capacidade de investigação para desenvolver novas tecnologias.

Os EUA têm apenas uma quota de 4,5% de energias renováveis no fornecimento de energia primária. Os combustíveis fósseis, carvão, petróleo e gás natural, fornecem actualmente mais de 85% do consumo total de energia nos Estados Unidos, quase dois terços da electricidade e praticamente todos os combustíveis para os transportes" (DoE, 2006). Por esta razão, os Estados Unidos são também um dos países mais poluídos do mundo.

Os EUA têm 114 patentes por milhão de habitantes e tinham 13365 licenciados em ciências e engenharia em 2004.

5.8.2 Estratégia de Hidrogénio

A informação relevante da estratégia americana para o hidrogénio é apresentada no Anexo 7 do presente documento.

5.8.3 Ligação entre a estratégia do hidrogénio e os indicadores de desenvolvimento

Os EUA reconheceram que os combustíveis fósseis não são infinitos. Este investimento em tecnologias novas e mais limpas e na produção de energia renovável é necessário para que os EUA mantenham o seu poder e independência de outros países. A indústria e o sector dos transportes dos EUA podem sofrer uma paragem no futuro se não forem desenvolvidas novas alternativas. *O hidrogénio é uma grande solução que pode resolver problemas como a independência energética, as emissões dos transportes e a utilização de energias renováveis"* (DoE, 2007).

5.8.4 Campos estratégicos identificados para investimentos

A estratégia de hidrogénio dos EUA menciona os seguintes objectivos como campos estratégicos para investimentos e mais investigação:

- Avaliação do potencial dos tanques de hidrogénio criogénico pressurizado para cumprir os objectivos da DOE 2010 através de uma revisão independente
- Continuar a coordenar os planos e prioridades plurianuais detalhados de FD&D para o hidrogénio e os esforços de desenvolvimento tecnológico relacionados no âmbito do DOE e do DOT para os alinhar com este documento de planeamento, a Lei de Política Energética de 2005 e as recomendações dos estudos das Academias Nacionais sobre a economia do hidrogénio e a Parceria FreedomCAR e Combustível
- Reforçar a coordenação através da utilização contínua do Grupo de Coordenação do Programa de Hidrogénio, que é composto por representantes dos Gabinetes do DOE para a Eficiência Energética e Energias Renováveis (EE), Energia Fóssil (FE), Energia Nuclear (NE), Ciência (SC), Política e Assuntos Internacionais (PI), bem como pelo Director Financeiro (CFO) e pelo DOT
- Completar e publicar o Plano de Segurança do Programa DOE Hidrogénio e o Plano de Hidrogénio DOE
  Plano de Gestão de Riscos do Programa.
- Promover o intercâmbio de informações relacionadas com a segurança e manter uma base de dados de "aprendizagem" relacionada com a segurança.
- Realizar a revisão integrada anual regular dos méritos do programa de hidrogénio e a revisão pelos pares.
- Reflectir sobre a importância das seguintes actividades no planeamento e orçamentação anual do departamento:
  - Investigação básica e aplicada nos domínios do armazenamento, produção e fornecimento

de hidrogénio, bem como do custo e durabilidade das pilhas de combustível

• Fornecimento de hidrogénio e análise do desenvolvimento de infra-estruturas (estas actividades são estreitamente coordenadas com o Departamento de Transportes dos EUA, que é responsável pela segurança do sistema de fornecimento de hidrogénio)

• Análises económicas e de sistemas para identificar e mitigar os riscos de investimento relacionados com infra-estruturas de hidrogénio e tecnologias relacionadas (por exemplo, engenharia de sistemas de células de combustível e instalações de produção)

• Actividades educativas centradas nos principais grupos-alvo directamente envolvidos na validação a curto prazo da tecnologia do hidrogénio

Fonte: Estratégia do DoE para o Hidrogénio

A figura 16 abaixo mostra o alcance da tecnologia do hidrogénio implementada no país. Em Maio de 2008, o Air Resources Board do Estado da Califórnia decidiu que os fabricantes de automóveis devem produzir 25.000 veículos a pilha de combustível com emissões zero entre 2012 e 2014. (New Scientist, 2008)

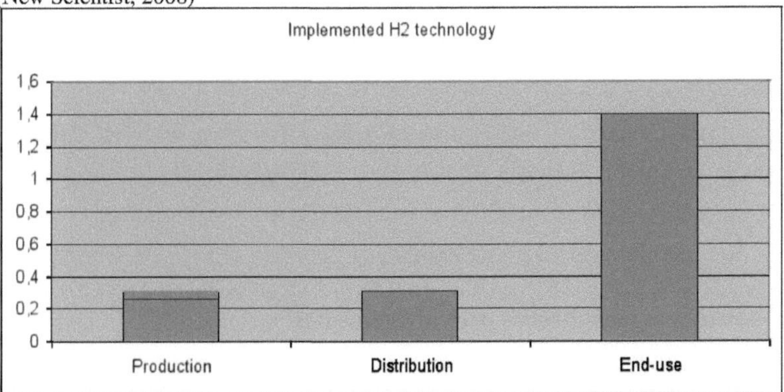

Figura 16: Tecnologia H2 implementada nos EUA por milhão de habitantes. Fonte: http://www.netinform.net/H2/H2Stations/H2Stations.aspx?Continent=EU&StationID=-1

5.9 Japão

5.9.1 Indicadores de desenvolvimento

O Japão ocupa a terceira posição na lista de países com investimentos em despesas internas brutas em I&D. O Japão investe mais de 3% do PIB no sector da I&D. Isto apenas confirma a posição do Japão como um dos países líderes em termos de desenvolvimento tecnológico e pensamento tecnológico.

Além disso, há 10 investigadores por mil empregados a tempo inteiro no Japão.

O Japão também investe cerca de 5% do PIB como despesa total em instituições de ensino. Com uma quota de 3,9% do fornecimento de energia primária a partir de energias renováveis, o Japão encontra-se actualmente no grupo médio de países. Por outro lado, o Japão compreende que a sua posição terá de mudar no futuro com o desenvolvimento da tecnologia do hidrogénio e a melhor utilização das energias renováveis.

O número de patentes é também muito elevado no Japão. Com 172 patentes por milhão de habitantes, o Japão é um dos principais países do mundo. Em 2004, havia 5837 licenciados em ciências naturais e engenharia no Japão com doutoramentos.

5.9.2 Estratégia de Hidrogénio

A informação relevante da estratégia japonesa para o hidrogénio é apresentada no Anexo 8 do presente documento.

5.9.3 Ligação entre a estratégia do hidrogénio e os indicadores de desenvolvimento

A partir do nível de investimento em I&D e desenvolvimento de patentes, podemos concluir que indicadores selectivos de desenvolvimento nacional apoiam o desenvolvimento de tecnologias de hidrogénio. Além disso, o número de cientistas e engenheiros com doutoramento proporciona uma boa capacidade de conhecimento. Isto conduz a um elevado nível de desenvolvimento da investigação e implementação de novas tecnologias na fase de demonstração e comercialização.

O hidrogénio como vector energético também ajudará o Japão a alcançar um nível mais elevado de produção de energia renovável. O hidrogénio como transportador de energia oferece uma solução para o armazenamento da energia gerada e a sua distribuição aos utilizadores finais para aplicações móveis e estacionárias.

5.9.4 Campos estratégicos identificados para investimentos

O armazenamento de hidrogénio é a tecnologia chave para expandir o mercado das células de combustível, especialmente no caso dos FCVs. Uma análise recente conduzida pela consultora de marketing internacional "Frost & Sullivan" estima que o mercado de FCVs só na Europa irá crescer dos actuais 3 milhões de dólares embrionários para cerca de 50 mil milhões de dólares em 2040. *Impulsionados por este incentivo, os fabricantes japoneses de automóveis, para além das empresas de fornecimento de gás e energia, já estão a trabalhar agressivamente nesta área"* (estratégia H2 do Japão). A Alemanha e o Japão são países que começam a introduzir demonstrativamente a produção combinada de calor e electricidade em sistemas energéticos domésticos baseados em células de combustível. Ao mesmo tempo, é necessário verificar a tecnologia para uso quotidiano em projectos de demonstração em larga escala. Os clientes-piloto com interesse nas novas tecnologias devem ser seleccionados nos primeiros anos. Juntamente com os promotores de células de combustível e fornecedores de energia, devem ser desenvolvidos projectos para assegurar o serviço e fornecimento de peças e hidrogénio. A instalação e manutenção dos sistemas será realizada por empresas especialmente treinadas.

A figura 17 abaixo mostra o alcance da tecnologia do hidrogénio implementada no condado.

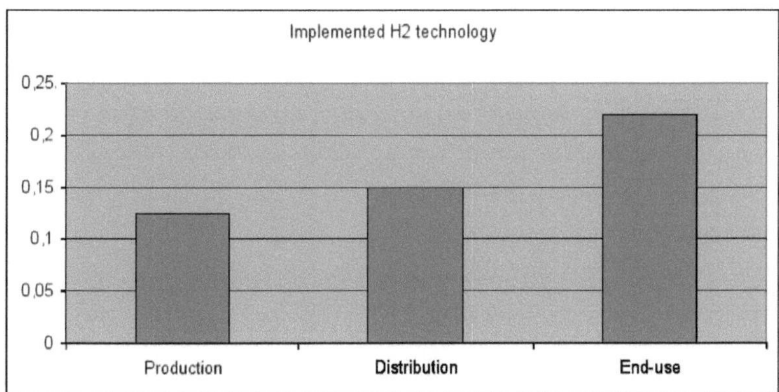

Figura 17: Quantidade de tecnologia H2 implementada no Japão por milhão de habitantes.

Fonte: http://www.netinform.net/H2/H2Stations/H2Stations.aspx?Continent=EU&StationID=-1

5.10 Canadá

5.10.1 Indicadores de desenvolvimento

O Canadá investe quase 2% do PIB em despesas de I&D. Isto coloca o Canadá entre os 15 principais países da OCDE. O Canadá também investe 6% do PIB em instituições educacionais para todos os níveis de ensino.

Em 2004, havia 7 investigadores por mil empregados a tempo inteiro no Canadá. O Canadá também melhorou o mercado das energias renováveis. As energias renováveis são responsáveis por 16,4% do total do fornecimento de energia primária. Em 2006, o Canadá tinha 953,7 patentes registadas por milhão de habitantes.

5.10.2 Estratégia de Hidrogénio

A informação relevante da estratégia canadiana para o hidrogénio é apresentada no Anexo 9 do presente documento.

5.10.3 Ligação entre a estratégia do hidrogénio e os indicadores de desenvolvimento

O Canadá investe grandes somas de dinheiro no sector da educação, o que cria uma base para o desenvolvimento futuro dos estudantes. Um bom sistema educativo apoia uma educação mais longa com um maior número de estudantes de mestrado e doutoramento.

Um bom sistema educativo também se reflecte na investigação e desenvolvimento e no número de patentes, tendo o Canadá um elevado valor de mais de 953 patentes por milhão de habitantes. Um elevado número de trabalhadores bem treinados no sector industrial e um elevado número de patentes apoiam a introdução de nova alta tecnologia, onde a base de conhecimentos e a capacidade de investigação são fundamentais para o sucesso.

5.10.4 Campos estratégicos identificados para investimentos

A identificação dos desafios críticos para a implementação e investigação e desenvolvimento nos próximos anos será a prioridade. Estes incluem requisitos de recursos, parceiros industriais e mecanismos governamentais para apoiar a implementação. Isto ajudará a estabelecer uma estratégia adicional para a implementação e coordenação das actividades no Canadá. Além disso, esta abordagem ajudará também a concentrar a I&D nas importantes questões e lacunas tecnológicas que a indústria enfrenta actualmente.

Actualmente, o Canadá está a seguir uma "abordagem baseada em consórcios" (Estratégia Canadiana de Hidrogénio) à investigação conduzida por várias organizações em cada sector.

O governo também planeia aumentar o investimento na investigação e desenvolvimento em curso. Esta abordagem fornecerá apoio a longo prazo para a tradução dos resultados da investigação em projectos de demonstração e comercialização.

A figura 18 abaixo mostra o alcance da tecnologia do hidrogénio implementada no país.

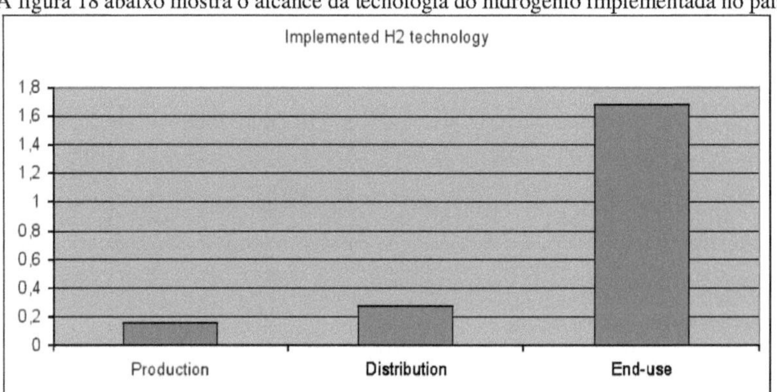

Figura 18: Quantidade de tecnologia H2 implementada no Canadá por milhão de cidadãos.
Fonte: http://www.netinform.net/H2/H2Stations/H2Stations.aspx?Continent=EU&StationID=-1

O objectivo da estratégia nacional deve ser o de envolver todos os ministérios governamentais e as suas actividades no domínio do hidrogénio. Esta abordagem fornecerá uma imagem realista

6. Resultados da análise

6.1 Revisão da abordagem da avaliação

A recolha e divulgação de dados de qualidade sobre indicadores seleccionados é apenas uma condição necessária, mas longe de ser suficiente para alcançar os objectivos de medição do progresso" (Sicherl, 2008). Igualmente importantes são os conceitos e ferramentas analíticas que sistematizam a informação e a transformam em percepções relevantes para a tomada de decisões. Estas percepções e as decisões, comportamentos e acções tomadas são também influenciadas pelos indicadores quantitativos e medidas utilizadas na semântica da discussão das questões, no estabelecimento de objectivos e no acompanhamento da sua implementação. Quanto melhor for o quadro analítico, maior será o conteúdo de informação que é disponibilizado a peritos, decisores, meios de comunicação e público em geral (Sicherl, 2008).

A nível da União Europeia (UE), os indicadores estruturais (de desenvolvimento) são seleccionados num processo que envolve muitos actores. Apesar dos progressos realizados pelos organismos da UE responsáveis pela definição e normalização, existem ainda problemas com os indicadores. A sua principal fraqueza é que agem como um conjunto de agregados individuais relativamente desconectados que não formam um sistema integrado e consistente. O método utilizado para comparar países é parcial, não capta as inter-relações entre os indicadores e não dá qualquer indicação de como os indicadores podem ser ponderados em conjunto e utilizados como base para políticas industriais e económicas consistentes. Uma alternativa óbvia aqui seria ligar mais estreitamente o sistema de indicadores às contas nacionais, que fornecem uma imagem ampla, detalhada e consistente da economia. Em muitos países, as contas nacionais contêm módulos adicionais para várias áreas, as chamadas contas satélite, por exemplo, para o emprego e o ambiente. Isto permite uma visão mais coerente dos diferentes aspectos da sociedade. *Se fosse estabelecida uma ligação mais forte com as contas nacionais, os indicadores estruturais (de desenvolvimento) apareceriam mais integrados e consistentes do que actualmente"* (Byfuglien, 2002).

Apesar das críticas acima citadas, para efeitos deste estudo, os indicadores estruturais (de desenvolvimento) relevantes foram seleccionados a partir da recolha de trinta e seis indicadores estruturais (de desenvolvimento), como já descrito no Capítulo 4.

6.2 Descrição dos resultados

Os resultados das correlações de matriz de dispersão são mostrados na Figura 20. Mostram uma matriz de correlação diagonal em pares com:

(i) Uma elipse de confiança (intervalos de confiança bivariados gaussianos no centróide a 0,95) em azul; e

(ii) Um núcleo de confiança mostrando onde os dados da amostra estão mais concentrados ao nível 0,683, em verde.

A matriz de correlação de Pearson é apresentada no Quadro 5 e a matriz de correlação de Spearman no Quadro 6.

A partir da matriz Scatterplot (Figura 20) e da matriz de correlação de Pearson (Tabela 5), pode-se ver claramente que existem dez (10) correlações em pares com uma elevada força de associação, que são reveladas por coeficientes de correlação elevados (> 0,750). A análise dos gráficos de pares e dos coeficientes de correlação de Spearman para os mesmos dez casos mostra que sete (7) deles são *lineares* (não distorcidos). Isto é evidente pelo facto de os coeficientes de correlação de Spearman nestes sete casos serem mais ou menos iguais aos coeficientes de correlação de Pearson. Contudo, há três casos em que os coeficientes de correlação de Spearman são muito inferiores aos coeficientes de correlação de Pearson, e um caso em que o coeficiente de correlação de Spearman é muito mais elevado que o coeficiente de correlação de Pearson. Estas são correlações distorcidas e devem ser tratadas com cuidado. O estudo das correlações pareadas na Figura 20 é muito interessante e (geralmente) lógico. Serão discutidos mais tarde.

6.2.1 Correlações

Existem dezasseis correlações no Quadro 5 que vão além das acima indicadas e têm um coeficiente de correlação de Pearson superior a 0,500. E há vinte e oito correlações no Quadro 6 que têm um coeficiente de correlação Spearman superior a 0,500, para além das apresentadas acima. A maioria delas pode ser tratada como "ecos" das fortes correlações entre as variáveis (indicadores) a níveis hierárquicos superiores e as correlações a níveis hierárquicos inferiores. Por exemplo, o número de investigadores em ciência e tecnologia (RES_NO), o número de patentes (PAT_NO) e os dois indicadores de investimento no ensino superior e na investigação e desenvolvimento (GDP_EDU e GDP_RD) estão fortemente correlacionados com indicadores a níveis hierárquicos superiores, tais como o consumo total de energia (TOT_EN) e as emissões de gases com efeito de estufa (GHG). Isto ilustra que todas estas sociedades se estão a desenvolver com base na energia produzida a partir de combustíveis fósseis e não na energia produzida a partir de fontes renováveis.

Estes são estes coeficientes de correlação de Pearson bastante elevados:

(i) entre o consumo total de energia (TOT_EN) e o número de veículos movidos a pilhas de hidrogénio (FCV_NO); e

(ii) entre o produto interno bruto (PIB) e o número de veículos movidos a pilhas de hidrogénio (FCV_NO)

Estas correlações podem também ser atribuídas ao efeito "eco" de correlações mais fortes entre variáveis em níveis hierárquicos superiores sobre as correlações de variáveis em níveis hierárquicos inferiores.

No entanto, reflectem também o facto de o hidrogénio ser hoje produzido principalmente a partir de combustíveis fósseis (principalmente gás natural).

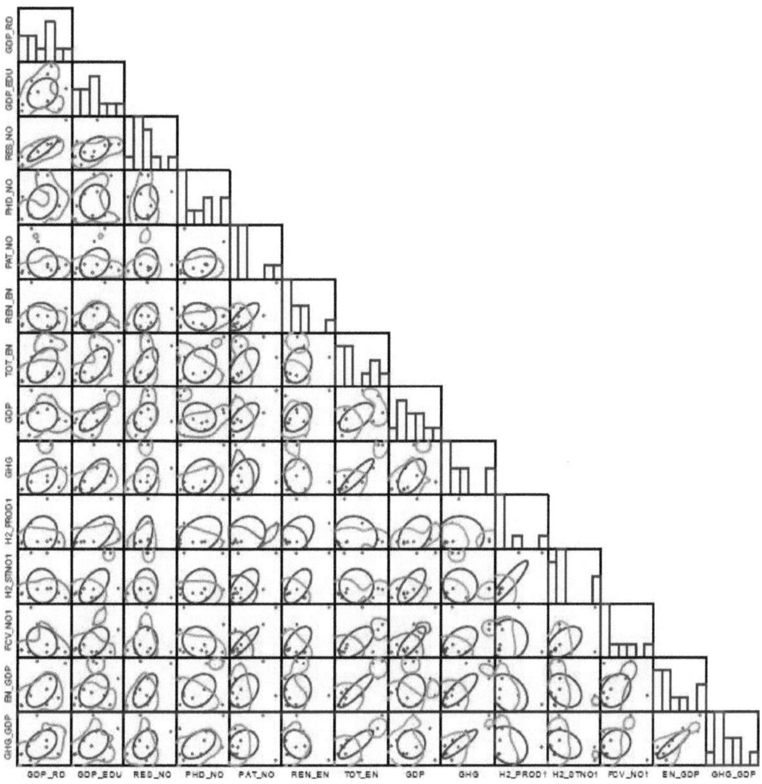

Figura 20: Matriz de dispersão (abaixo da diagonal) com histogramas que mostram a correlação de factores emparelhados As elipses azuis representam as elipses de confiança (centro de gravidade (ELM) a p = 0,95. As linhas verdes representam as elipses de confiança ao nível p = 0,683.

6.2.2 Pearson correlation matrix

	GDP_RD	GDP_EDU	RES_NO	PHD_NO	PAT_NO	REN_EN	TOT_EN	GDP	GHG	H2_PROD	H2_STNO	FCV_NO	EN_GDP	GHG_GDP
GDP_RD	1,000													
GDP_EDU	0,285	1,000												
RES_NO	0,854	0,372	1,000											
PHD_NO	0,283	0,084	0,163	1,000										
PAT_NO	-0,089	0,268	0,128	0,172	1,000									
REN_EN	-0,107	0,326	0,263	-0,103	0,734	1,000								
TOT_EN	0,436	0,570	0,533	0,192	0,509	0,212	1,000							
GDP	0,100	0,698	0,256	-0,105	0,593	0,397	0,545	1,000						
GHG	0,373	0,622	0,331	0,313	0,280	-0,104	0,906	0,488	1,000					
H2_PROD	0,146	0,592	0,416	0,381	0,178	0,439	-0,110	0,414	-0,046	1,000				
H2_STNO	-0,056	0,550	0,078	0,199	0,542	0,542	0,005	0,664	-0,008	0,909	1,000			
FCV_NO	-0,138	0,437	0,019	-0,140	0,879	0,568	0,596	0,784	0,439	0,028	0,477	1,000		
EN_GDP	0,494	0,305	0,546	0,317	0,318	0,096	0,887	0,106	0,783	-0,310	-0,311	0,283	1,000	
GHG_GDP	0,392	0,353	0,291	0,459	0,102	-0,234	0,785	0,042	0,885	-0,212	-0,313	0,140	0,886	1,000

Table 5: Pearson correlation matrix

6.2.3 Spearman correlation matrix

	GDP_RD	GDP_EDU	RES_NO	PHD_NO	PAT_NO	REN_EN	TOT_EN	GDP	GHG	H2_PROD	H2_STNO	FCV_NO	EN_GDP	GHG_GDP
GDP_RD	1,000													
GDP_EDU	0,382	1,000												
RES_NO	0,894	0,492	1,000											
PHD_NO	0,316	0,170	0,204	1,000										
PAT_NO	0,418	0,442	0,413	0,608	1,000									
REN_EN	-0,079	0,212	0,116	0,261	0,370	1,000								
TOT_EN	0,624	0,600	0,632	0,292	0,697	0,103	1,000							
GDP	0,292	0,675	0,576	0,076	0,505	0,134	0,559	1,000						
GHG	0,648	0,733	0,614	0,517	0,636	0,030	0,903	0,535	1,000					
H2_PROD	0,238	0,905	0,357	0,252	0,595	0,262	0,381	0,647	0,619	1,000				
H2_STNO	0,122	0,553	0,216	0,116	0,571	-0,109	0,353	0,744	0,389	0,952	1,000			
FCV_NO	0,006	0,129	0,049	-0,123	0,534	-0,129	0,558	0,517	0,301	0,190	0,609	1,000		
EN_GDP	0,564	0,467	0,456	0,298	0,527	0,164	0,891	0,158	0,818	0,333	0,000	0,301	1,000	
GHG_GDP	0,539	0,406	0,334	0,389	0,224	-0,164	0,685	0,000	0,806	0,190	-0,091	0,031	0,842	1,000

Table 6: Spearman correlation matrix

6.2.4 Correlações em pares

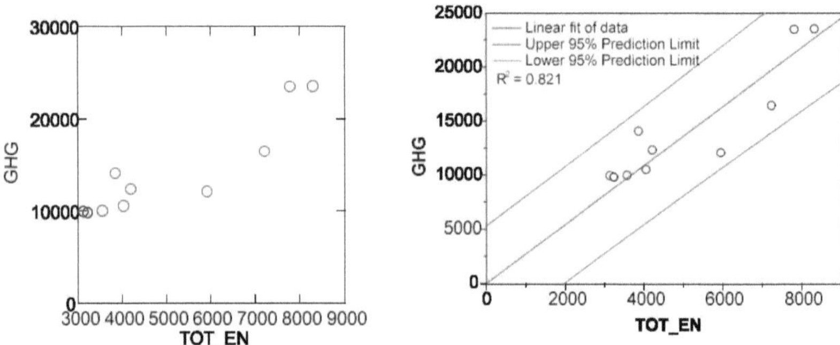

Figura 21: Esquerda - diagrama ampliado a partir da matriz de dispersão da Fig.1; Direita - linear, ajuste forçado zero com limites de previsão a p = 0,95; ^{R2} = 0,821.

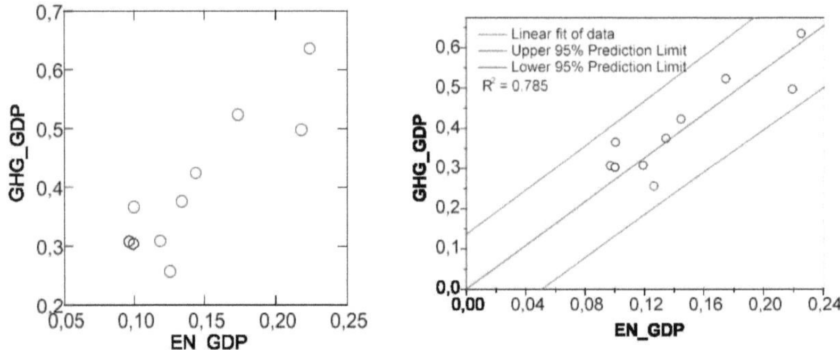

Figura 22: Esquerda - diagrama ampliado a partir da matriz de dispersão da Fig.1; Direita - linear, ajuste forçado zero com limites de previsão a p = 0,95; ^{R2} = 0,785.

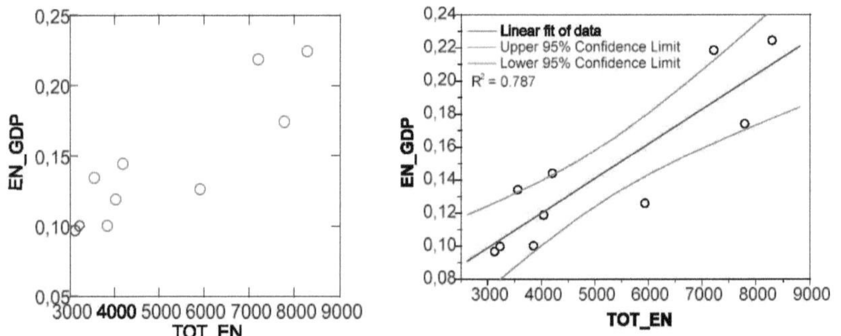

Figur

a e 23: Esquerda - diagrama ampliado a partir da matriz de dispersão da Figura 1; Direita - encaixe linear com limites de confiança a p = 0,95; ^{R2} = 0,787.

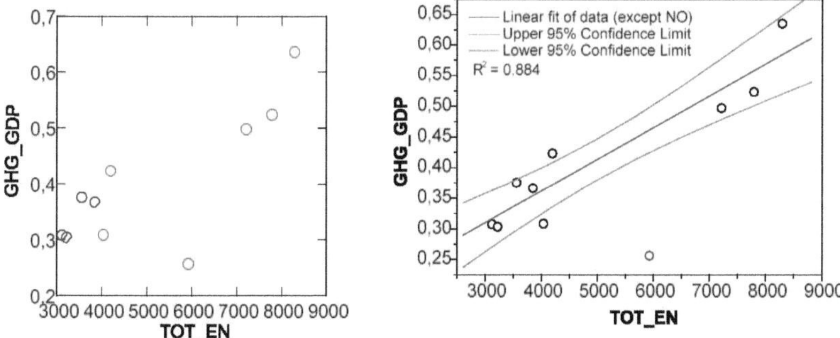

Figura 24: Esquerda - diagrama ampliado a partir da matriz de dispersão da Fig.1; Direita - encaixe linear com limites de confiança a p = 0,95; ^{R2} = 0,884.

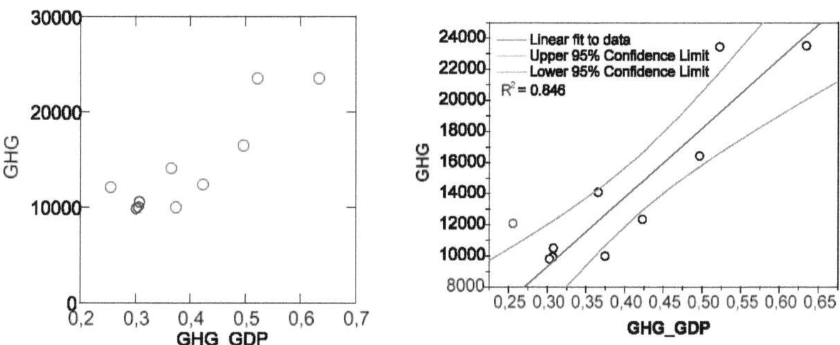

Figura 25: Esquerda - diagrama ampliado a partir da matriz de dispersão da Fig.1; Direita - encaixe linear com limites de confiança a p = 0,95; ^{R2} = 0,864.

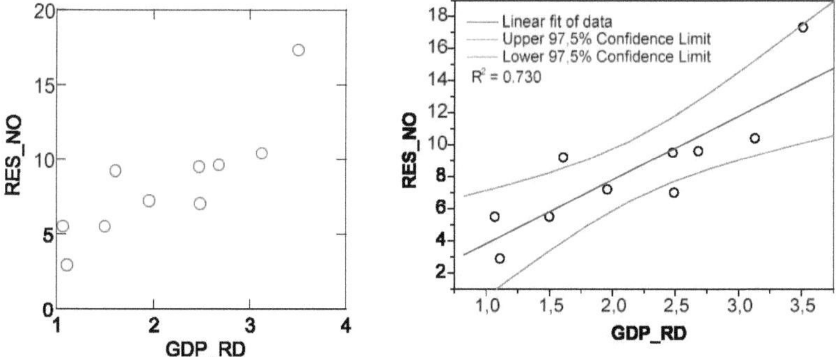

Figura 26: Esquerda - diagrama ampliado a partir da matriz de dispersão da Fig.1; Direita - encaixe linear com limites de confiança a p = 0,95; ^{R2} = 0,730.

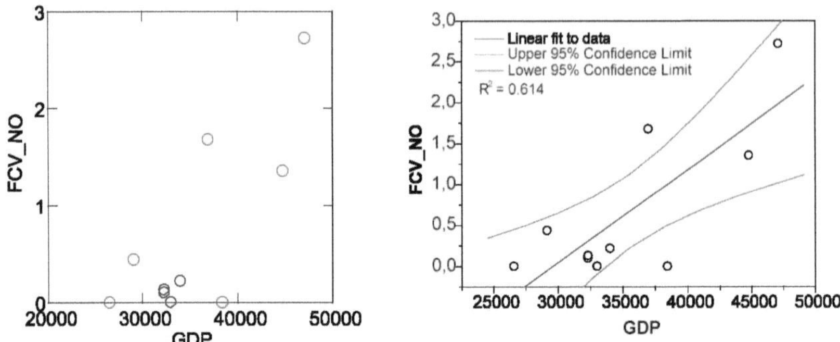

Figura 27: Esquerda - diagrama ampliado a partir da matriz de dispersão da Fig.1; Direita - encaixe linear com limites de confiança a p = 0,95; R^2 = 0,614.

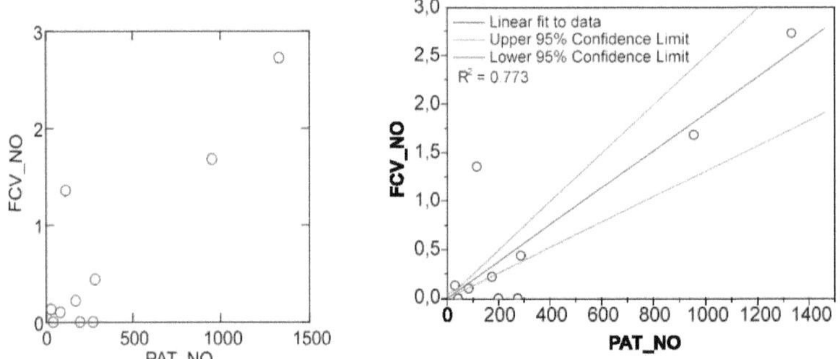

Figura 28: Esquerda - diagrama ampliado a partir da matriz de dispersão da Fig.1; Direita - ajuste linear forçado por zero com limites de confiança a p = 0,95; R^2 = 0,773.

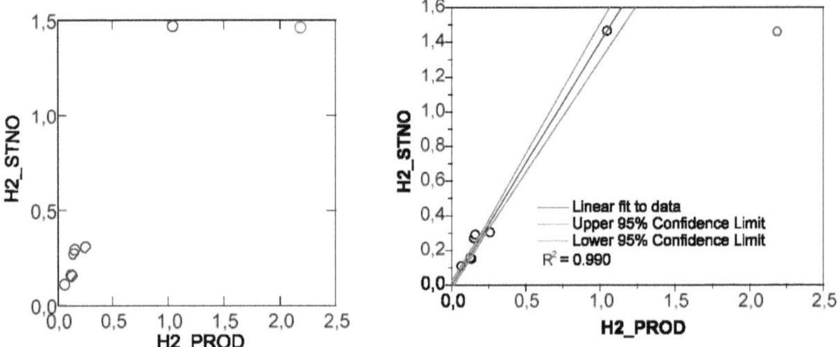

Figura 29: Esquerda - diagrama ampliado a partir da matriz de dispersão da Fig.1; Direita - ajuste linear forçado por zero com limites de confiança a p = 0,95; R2 = 0,990.

7. Discussão

A dependência linear mais ou menos clara das emissões de GEE per capita (GEE) em relação ao consumo total de energia per capita (TOT_EN) (ver Figura 21) é lógica: a energia que consumimos hoje em dia é gerada pela combustão interna de carbono e enxofre contendo combustíveis fósseis com ar. Obtemos quase a mesma correlação (ver Figura 22) se normalizarmos estas duas variáveis para o PIB per capita. Neste caso, pode-se falar da correlação entre a "eficácia energética" da sociedade (consumo total de energia por 1000 US$ PIB = EN_GDP) e a "eficácia da poluição" da sociedade (emissões de GEE por 1000 US$ PIB = GHG_GDP). O coeficiente de correlação é ligeiramente inferior, mas ainda assim suficientemente elevado (R = 0,886). Isto é ainda apoiado pelos elevados coeficientes de correlação de correlações parciais, que também mostram uma dependência linear (ver Figuras 23 a 25).

Existe um coeficiente de correlação relativamente elevado no nível hierárquico inferior dos indicadores (variáveis):

- entre o investimento em investigação e desenvolvimento como percentagem do PIB (GDP_RD);

  e
- Número de investigadores em ciência e tecnologia (RES_NO).

Estes resultados confirmam a robustez do método utilizado e a validade dos dados.

As correlações no nível mais baixo da hierarquia de indicadores são as que apresentam maior interesse. A tecnologia do hidrogénio é uma tecnologia emergente. No entanto, já estão a surgir correlações. Uma delas é a correlação entre o número de veículos movidos a pilhas de hidrogénio por milhão de habitantes (FCV_NO) e o produto nacional bruto per capita (PIB).
Como mostra a figura 27, esta correlação é linear, mas tem um coeficiente de correlação relativamente baixo. Por conseguinte, isto seria listado em correlações "Echo".
A figura 28 mostra a correlação entre o número de patentes por milhão de habitantes (PAT_NO) e o número de veículos a pilhas de combustível de hidrogénio por milhão de habitantes (FCV_NO). A correlação é bastante elevada e linear (ver coeficientes de correlação de Pearson e Spearman nos quadros 5 e 6). Esta correlação pode parecer bastante invulgar à primeira vista. No entanto, se o número de patentes reflectir o potencial de inovação do país e o número de veículos a pilhas de combustível a hidrogénio reflectir o potencial do país para desenvolver e implementar altas tecnologias avançadas, então é apropriado.

A correlação entre as variáveis ao nível hierárquico mais baixo, tais como a produção de hidrogénio por milhão de habitantes (H2_PROD) e o número de estações de reabastecimento de hidrogénio por milhão de habitantes (H2_STNO), é elevada e linear, como mostra o gráfico da figura

29 Esta correlação é esperada. Contudo, é de notar que existe também uma forte correlação entre a produção de hidrogénio e a percentagem do PIB gasta em educação (ver Quadros 5 e 6). Além disso, a percentagem do PIB gasta em educação está fortemente correlacionada com as emissões de gases com efeito de estufa, o que por sua vez mostra que o crescimento do PIB nos países industrializados é altamente dependente da utilização de combustíveis fósseis. A correlação entre o número de estações de reabastecimento de hidrogénio e a quantidade de hidrogénio produzida vai para além das correlações a níveis hierárquicos superiores, que mostram que o hidrogénio é actualmente produzido a partir de combustíveis fósseis.

As correlações "eco" descritas nos resultados entre indicadores a níveis hierarquicamente inferiores sugerem que alguns indicadores melhores e linearmente independentes devem ser encontrados no futuro. Isto deve ser feito de modo a permitir uma afiação das correlações entre indicadores a níveis hierárquicos superiores (tais como consumo total de energia, produção de energia renovável) e indicadores a níveis hierárquicos inferiores ("orientados para o produto").

7.1 Posição da Eslovénia - comparação

Os países seleccionados para análise diferem em dimensão, localização geográfica, dimensão da economia e ambiente social. Os indicadores nacionais seleccionados são aqueles que estão envolvidos na composição da estrutura de um país.

Estes indicadores não são seleccionados para comparação. Também não foram seleccionados para analisar porque é que a Eslovénia investe menos em educação do que, por exemplo, os EUA. Estes indicadores são utilizados para identificar sectores onde a Eslovénia necessita de melhorar e para determinar se existem correlações entre estes indicadores e a tecnologia do hidrogénio implementada.

É importante reconhecer que o nível de vida esloveno é elevado entre os países da UE, como mostram os indicadores estatísticos do Eurostat e os gráficos utilizados no presente estudo. A Eslovénia está a ficar para trás em termos de inovação e competitividade. *"No domínio da eficiência da inovação, a Eslovénia pertence a um grupo de países chamados inovadores moderados"* (Comissão Europeia, 2001).

Se o ambiente for analisado utilizando todos os indicadores estruturais (de desenvolvimento) utilizados, com excepção do número de investigadores e do número de patentes, pode dizer-se que a Eslovénia está bastante bem posicionada em termos de PIB per capita, que é o mais baixo de todos os países seleccionados para comparação neste estudo (ver Quadros 1 e 2 e Figuras 1 a 6). Está também bastante bem posicionada entre os outros países em termos de tamanho e população. Dois indicadores-chave que medem o potencial de inovação de país - o número de investigadores por mil empregados e o número de patentes concedidas por milhão de habitantes - são bastante baixos para a Eslovénia (ver Figuras 6 e 7). A Eslovénia está também normalmente posicionada nos gráficos de correlação com os indicadores estruturais (de desenvolvimento) a níveis hierárquicos superiores (ver Figuras 21 a 26).

7.1.1 Investigação e desenvolvimento

A I&D compreende trabalhos inovadores empreendidos com o objectivo de fazer avançar o conhecimento dos investigadores, do público em geral e da sociedade no seu conjunto. As capacidades que os investigadores desenvolvem podem ajudar a criar um ambiente em que os jovens estudantes possam aprender e ganhar experiência nas novas tecnologias. Isto é particularmente importante para a introdução de novas tecnologias como o hidrogénio

No início da introdução e funcionamento de uma nova tecnologia, países como a Eslovénia têm de ir para o estrangeiro e obter informações sobre a tecnologia de peritos estrangeiros. O investimento no sector da investigação e desenvolvimento é essencial para apoiar o desenvolvimento do conhecimento trazido do estrangeiro para o país. Desta forma, é possível assegurar que a capacidade está constantemente a aumentar e que o conhecimento no país continua a desenvolver-se. A longo prazo, um ambiente de investigação estável significa que o país será capaz de operar e pesquisar a tecnologia independentemente e desenvolver mais aplicações.

Das figuras 5 e 7 podemos ver que a Eslovénia está no fundo da lista de países. A dimensão da Eslovénia não pode ser uma desculpa para não investir mais e apoiar o desenvolvimento do sector da investigação. É particularmente importante criar um ambiente educacional adequado que encoraje os estudantes a candidatarem-se às escolas que ensinam programas de investigação. Além disso, os programas escolares devem ser atractivos e ligados à indústria na Eslovénia. Isto permitirá aos estudantes combinar o trabalho teórico com a experiência prática.

Podemos usar a Itália como comparação. Este exemplo mostra que o país investe menos em I&D e tem menos investigadores do que a Eslovénia. No entanto, é reconhecido como um dos países líderes no sector automóvel.

7.2 Despesas públicas e privadas em educação

Este indicador permite-nos determinar o nível de investimento num país para apoiar o desenvolvimento do crescimento económico, aumentar a produtividade, melhorar o desenvolvimento pessoal e social e reduzir as disparidades entre os cidadãos. O investimento na educação é o sector prioritário nos países desenvolvidos.

A figura 4 mostra que a Eslovénia se situa no meio dos países da OCDE. No entanto, isto não significa que a Eslovénia também tenha um elevado nível de economia de hidrogénio implementada.

O problema na Eslovénia é que o sistema educativo não apoia suficientemente o desenvolvimento dos estudantes em campos como a ciência e a engenharia. Em vez disso, os estudantes eslovenos preferem estudar direito ou economia. O Japão e a Alemanha são dois países onde a tecnologia do hidrogénio está a ser desenvolvida em grande escala e têm gastos mais baixos em instituições de ensino em comparação com a Eslovénia. Independentemente das despesas, os seus sistemas educativos são desenvolvidos para apoiar investigadores e engenheiros. Isto conduz a um maior nível de desenvolvimento tecnológico e à introdução da tecnologia do hidrogénio.

7.3 Energias renováveis

A figura 2 mostra que a Eslovénia é um dos países líderes na utilização de energias renováveis no seu cabaz energético. A Eslovénia está em segundo lugar porque tem muitos rios que correm pelo país. Estes são utilizados para a produção de electricidade a partir de energia hidroeléctrica. Para além da energia hidroeléctrica, há pouca produção de electricidade a partir do sol ou do vento. A Eslovénia ficaria em último lugar se ignorássemos a energia hidroeléctrica.

7.4 Número de patentes concedidas

A figura 8 mostra a posição da Eslovénia em relação ao nível de patentes no país. A Eslovénia não tem um ambiente de apoio à investigação e desenvolvimento, pelo que não se pode esperar um forte desenvolvimento de patentes. É muito comum na Eslovénia que as patentes não sejam desenvolvidas por instituições de investigação registadas ou por empresas maiores. Em vez disso, são desenvolvidos por inventores privados que não têm dinheiro suficiente para desenvolver aplicações de protótipos. Os países reconhecem que quanto mais patentes são desenvolvidas num país, maior é o nível de inovação. Um elevado nível de inovação conduz ao crescimento económico. Em períodos futuros, mais dinheiro pode ser investido em investigação, desenvolvimento e implantação (I&D&D).

7.5 Número de doutoramentos em ciência e tecnologia

O campo dos doutorandos é muito importante. A figura 6 mostra que a Eslovénia se situa no meio dos países seleccionados. A Eslovénia tem muitos doutorados em universidades e institutos de investigação e menos na indústria. Isto levanta o problema de a indústria não ser capaz de desenvolver aplicações de novas tecnologias se a capacidade de conhecimento não estiver disponível.

8. Conclusões

Uma mudança no pensamento e nas atitudes do público em geral são os passos mais importantes, ao mesmo tempo que se verifica uma mudança para novas tecnologias.

As oportunidades oferecidas por uma economia de hidrogénio estendem-se a todos os sectores do governo. Para um plano director é, portanto, muito importante que todas as etapas de implementação sejam coordenadas. Um avanço rápido e amplo para uma economia do hidrogénio só pode ter lugar se o complexo potencial tecnológico da economia do hidrogénio for coordenado entre as instituições nacionais e as suas actividades nas áreas especializadas.

Com base na análise estatística efectuada acima, seria de esperar que a Eslovénia já tenha implementado estações de reabastecimento de hidrogénio e veículos movidos a pilhas de combustível de hidrogénio. No entanto, não é este o caso. A Eslovénia não fica significativamente atrás de outros países nos indicadores estruturais (de desenvolvimento) seleccionados, com excepção de três que, como salientado na discussão, reflectem o potencial inovador do país. No entanto, a Eslovénia falta na implementação do conhecimento no desenvolvimento tecnológico. Além disso, na fase de implementação de novas tecnologias, a organização governamental é considerada um ponto fraco. É importante pensar na qualidade e não na quantidade do desempenho do trabalho.

A Eslovénia tem um ambiente saturado com incontáveis resoluções, programas e planos de acção. Os documentos escritos não estão suficientemente harmonizados nem a um nível hierárquico nem entre as actividades dos vários ministérios.
No início, é crucial restabelecer uma actividade de avaliação que siga a implementação de estratégias e planos de acção nacionais. A Eslovénia precisa de compreender que a assinatura de documentos internacionais e nacionais é uma obrigação para a sua implementação. Os documentos devem ser implementados e respeitados.

A fim de introduzir novas tecnologias, a Eslovénia deve criar as condições organizacionais e económicas para a sua introdução. As actividades de investimento em tecnologias específicas de diferentes ministérios nacionais na Eslovénia devem ser melhor coordenadas para se conseguir uma implementação mais eficiente. O trabalho coordenado é muito importante para ligar todos os sectores e o sector energético para assegurar que a tecnologia seja efectivamente implementada.

Quando uma nova tecnologia é introduzida, todos os ministérios nacionais teriam de realizar actividades de acordo com uma estratégia que define um plano de implementação. O trabalho entre ministérios requer

ser cooperativo e lutar pelo mesmo objectivo (crescimento de um país) em vez de ser competitivo devido ao ambiente político

O primeiro passo na implementação de uma economia de hidrogénio na Eslovénia é a criação de uma estratégia nacional de hidrogénio. A estratégia da Plataforma Eslovena de Hidrogénio e Células de Combustível (SIHFC) precisa de ser actualizada, definindo o plano de implementação e identificando as actividades e compromissos para cada instituição nacional. Além disso, não deve ser um projecto de curto prazo (com um período de mandato governamental de 4 anos). Deveria ser prolongado, o que permitiria uma implementação constante e contínua durante um período de pelo menos os próximos 10 anos. Durante esse período, a economia do hidrogénio poderia tornar-se auto-sustentável.

A escala da implementação da economia do hidrogénio requer a utilização da eficiência económica para funcionar e apresentar todas as questões relacionadas com a implementação. A abordagem económica, que é apresentada com números, pode ser muito poderosa e útil no processo de tomada de decisão para a definição final da política.

A implementação da economia do hidrogénio deve ser um projecto governamental, e não a actividade de um ministério. É essencial que o governo assuma a responsabilidade pela implementação nacional de uma economia de hidrogénio para um melhor ambiente, saúde humana, oportunidades de negócio e especialmente independência energética. O governo deve mostrar vontade de apoiar a implementação, e as palavras no papel são apenas um primeiro passo para a implementação. É claro que a política governamental deve ser primeiro aprovada pelo Parlamento. Durante este processo vale a pena fazer um forte esforço para manter a sociedade em geral bem informada e para obter feedback da sociedade. Sem um amplo consenso dentro da sociedade, será impossível implementar uma estratégia para um maior desenvolvimento.

O ambiente esloveno precisa de mais especialização, novas ideias e pensamento mais complexo no desenvolvimento de políticas. Para o conseguir, é importante criar um ambiente que apoie o crescimento dos estudantes de doutoramento na indústria eslovena. Esta abordagem irá, portanto, apoiar o desenvolvimento de novas aplicações de hidrogénio. A criação de um ambiente de apoio a taxas elevadas de estudantes de doutoramento requer o estudo de tópicos relacionados com as tecnologias do hidrogénio e das pilhas de combustível a nível de pós-graduação. Taxas salariais mais simuladas para empregos recém-criados poderiam chamar a atenção para aqueles que estão a receber formação nesta área tecnológica nas universidades. A comunidade em geral também irá beneficiar de salários mais elevados. *Cada trabalhador altamente qualificado de uma empresa de alta tecnologia apoia os empregos de quatro trabalhadores americanos"*. (Sherk, 2008)

Salários mais elevados para trabalhadores qualificados não só terão efeitos económicos como também tornarão a indústria nacional da Eslovénia mais competitiva. Estes efeitos podem ser vistos no trabalho de Shapira, professora na Georgia Tech School of Public Policy e co-autora da análise relatada na newsletter da Georgia Tech *High Tech Vital Signs.*

"As *posições que requerem um elevado nível de conhecimentos e competências, definidas como profissões de alta tecnologia, são importantes para manter a competitividade global do Estado"*, disse Shapira. *"Nem todos os empregos em indústrias definidas como ocupações de alta tecnologia requerem de facto educação superior ou competências mais elevadas, enquanto muitos dos empregos que as requerem estão noutros sectores. Por conseguinte, é importante olhar para além das indústrias tradicionais de 'alta tecnologia'.*

Esta abordagem é muito importante para a nova tecnologia do hidrogénio, onde os conhecimentos altamente qualificados de uma indústria automóvel "tradicional" não apoiam a implementação de uma nova tecnologia.

Os verdadeiros pioneiros na produção de energia a hidrogénio são novos proprietários privados ou novos participantes no mercado da energia, não as empresas energéticas existentes. (Scheer, 2007) A Eslovénia precisa de criar um novo mercado no fornecimento de energia que se concentre na disponibilidade generalizada e independente de energia (redes inteligentes) em vez de se concentrar na rede nacional de energia. Além disso, a Eslovénia precisa de começar a promover investimentos autónomos na produção de energia em vez de planeamento de investimentos por parte do governo e da indústria energética existente.

Isto também ajudará a aliviar a pressão sobre a rede nacional e a assegurar um mix energético mais diversificado.

9. Referências:

Aline L. (2008). <u>Tecnologia do hidrogénio. Aplicações móveis e portáteis</u>. Springer Series in Green Energy and Technology, Springer Verlag Berlin Heidelberg, pp. 1-7, 11-13.

Anderson B. (2000). <u>Como reabastecer e canalizar combustíveis renováveis. Procedimentos - Fórum para a conversão para uma economia de hidrogénio</u>. Fort Collins, CO.

Embaixada Britânica, Tóquio (2002). A futura economia energética: O desenvolvimento do hidrogénio no Japão. Comunicação pessoal

Iniciativa da Europa Central (1999). <u>Para um transporte sustentável nos países da CEI</u>. Paris, França: publicações da CEI.

Chacon E (2006). Desenvolvimento da economia do hidrogénio em Espanha. Apresentação, comunicação pessoal

Cox K. de todo (1979). <u>Hidrogénio: Tecnologia e efeitos, utilização do hidrogénio</u>. Volume IV, CRC press inc. Boca Raton, FL.

Donella H. op. cit. (1972). <u>Os limites do crescimento</u>. Universe Books, Nova Iorque.

Donella H. op. cit. (1992). <u>Para além das fronteiras</u>. Post Mills, VT: Chelsea Green Publishing Company.

Donella H. a.A. (2004). <u>Limites ao crescimento: a actualização de 30 anos</u>. White River Junction, VT: Chelsea Green Publishing Company.

Ernst U. at al (1997). <u>Factor quatro: Dupla prosperidade - reduziu o consumo para metade. Droemersche Verlagsanstalt.</u> Th. Knaur Nachf., Munique.

Comissão Europeia (2003). <u>Energia do hidrogénio e células de combustível - uma visão do nosso futuro</u>. Direcção-Geral de Investigação, Direcção-Geral de Energia e Transportes. <u>http://ec.europa.eu/research/energy/pdf/hlg_vision_report_en.pdf</u>

Comunidades Europeias (2001). <u>Comunicação da Comissão: Indicadores de desenvolvimento</u>. 619 final. Bruxelas.

Instituto Europeu de Patentes (2008). Inovação e Economia. <u>http://www.epo.org/topics/innovation- and-economy/economic-impact.html</u>

EG&G Technical Services (2004). <u>Manual da Célula de Combustível</u>. Morgantown, Virgínia Ocidental

Hočevar S. at al (2008). <u>Tecnologia do Hidrogénio. Aplicações móveis e portáteis</u>. Série de publicações Springer sobre energia e tecnologia verdes, Springer Verlag Berlin Heidelberg, pp.15-79

HyWays (2006). <u>Visão para a introdução do hidrogénio no sistema energético europeu; Roteiro Europeu do Hidrogénio</u>. Relatório dos Estados Membros: <u>http://www.hyways.de</u>

Rede internacional de energia limpa (2001). NÓS NÓS REDEMOS. Relatório Anual

Associação Internacional de Energia (2006). World Energy Outlook 2006. Paris, França: Publicações da IEA

Associação Internacional de Energia (2006). Balanços energéticos dos países da OCDE. Paris, França: publicações da IEA

Associação Internacional de Energia (2006). Balanços energéticos dos países não-OCDE. Paris, França: publicações da IEA

Jan Byfuglien e Jan Stensrud, Indicadores de Desenvolvimento comparando a Noruega com a UE, Inquérito Económico 4 (2002) 26-36

Japão Hidrogénio e célula de combustível (2003). Seminário do Projecto de Demonstração de Hidrogénio e Células de Combustível do Japão, (Japonês)

Kenneth S. (2006). Para além do petróleo. A vista de Hubbert's Peak. Hill and Wang. Uma secção da Farrar. Starus e Giroux, Nova Iorque.

McAlister R. (2000). Factos que todos os cidadãos devem saber. Procedimentos - Fórum para a conversão para uma economia de hidrogénio. Forth Collins, CO.

Netinform (2008). Informação sobre estações de enchimento de hidrogénio, veículos e a produção de hidrogénio no mundo: http://www.netinform.net/H2/H2Stations/H2Stations.aspx?Continent=EU&StationID=-1

Novo investigador (2008). The California State Air Resources Board. 8 de Junho, p.36

Nobili A. (2007). Política Italiana de Eficiência Energética. http://ec.europa.eu/energy/demand/legislation/doc/neeap/it_summary_it.pdf
Norbeck J. de todo (1996). O hidrogénio como combustível para o transporte terrestre. Automotive Engineers inc. Warrendale, PA.

Governo Norueguês (2004). H2 como a fonte de energia do futuro. Relatório da Comissão Nacional Norueguesa H2

Governo Norueguês (2004). Estratégia para o hidrogénio; estratégia para o hidrogénio como vector de energia nos transportes e fornecimento de energia estacionária na Noruega. Relatório da Comissão Nacional Norueguesa H2

OCDE (2001). Perspectivas ecológicas. Paris, França: Publicações da OCDE.

OCDE (2006). Principais indicadores científicos e tecnológicos. Paris, França: publicações

da OCDE. OCDE (2006). A educação num relance. Paris, França: A educação num relance:

Publicações da OCDE.

OCDE (2006). Principais indicadores científicos e tecnológicos. Paris, França: publicações

da OCDE. OCDE (2006). As contas nacionais dos países da OCDE. Paris, França:

Publicações da OCDE. OCDE (2007). livro de factos: Económico. Paris, França:

Publicações da OCDE.

Parente S. Überhaupt (1994). *A revista de economia política*. Volume 102, No. 2. p. 298-321
Publicado por: A imprensa da Universidade de Chicago
Investigação na Alemanha (2007). Iniciativa de investigação na Alemanha. Brochura
http://www.research-in- germany.de

Riffkin J (2007). Pioneirismo na economia do hidrogénio e uma terceira revolução industrial: Uma
nova agenda energética para a União Europeia no século XXI - A próxima fase da integração
europeia. Lisboa, Portugal: Reunião de representantes nacionais

Sapru K. de todo (2000). Potencial para a comercialização precoce de tecnologias de hidrogénio
renovável. Procedimentos - Fórum para a conversão para uma economia de hidrogénio. Fort
Collins, CO.

Scheer M. (2007). Autonomia energética: os argumentos económicos, sociais e tecnológicos a favor
das energias renováveis. Earthscan na Grã-Bretanha e nos EUA

Sherk J. (2008). Trabalhadores H-1B: altamente qualificados, muito necessários.
WebMemo No. 1916, The Heritage Foundation

Sicherl P. (2007). O aspecto intertemporal do bem-estar e do progresso social. SOC.Indic.Res. 84:
231-247

Sicherl P a.a.O. (2003). A distância temporal como medida dinâmica das disparidades no
desenvolvimento social e económico. International Journal of Forecasts 19, pp. 199-215

Sicherl P (2008). Comparações temporais à distância de macro indicadores de bem-estar.
Documento preparado para a 30ª Conferência Geral da Associação Internacional para a Investigação
do Rendimento e da Riqueza, Portoroz, Eslovénia, 24-30 de Agosto.

Steinberg M. (2000). A economia do hidrogénio: passado, presente e futuro. Procedimentos -
Fórum sobre a transição para uma economia de hidrogénio. Fort Collins, CO.

Estrela N. (2007). A Economia da Mudança Climática. Imprensa da Universidade de Cambridge, nos
EUA

A Agência Dinamarquesa de Energia (2003). Uma estratégia geral para o desenvolvimento
da tecnologia das células de combustível na Dinamarca, Elkraft System e Eltra.

A Agência Dinamarquesa de Energia (2005). Uma estratégia de I&D para a produção de
biocombustíveis líquidos

O Ministério da Energia (2006). Plano de Postura de Hidrogénio: Um plano integrado de
investigação, desenvolvimento e demonstração. Governo dos EUA.

O Ministério da Energia (2007). Iniciativa de Combustível de
Hidrogénio.
http://www.whitehouse.gov/stateoftheunion/2006/aci/aci06-booklet.pdf

O Ministério da Energia (2004). Recorde 500: Aplicação do orçamento HFI FY200Budget para a produção de H2. http://www.hydrogen.energy.gov/budget.html.

A Lei de Investigação e Desenvolvimento do Hidrogénio (1986). Audiências - Câmara dos Representantes dos EUA, Comité de Ciência e Tecnologia (105).

Thomas E. (2000). Sobre combustíveis futuros: uma comparação de opções. Actas da conferência - HYFORUM. Munique. Timm M. (2000). Hidrogénio e a indústria eléctrica. Actas da conferência - HYFORUM. Munique, Alemanha.

Laboratório de investigação sobre transportes (2007). Módulo de livro fonte: Transportes e Alterações Climáticas. http://siteresources.worldbank.org/EXTAFRSUBSAHTRA/Resources/gtz-transport-and-climate-change-2007.pdf

Laboratório de investigação sobre transportes (2006). Assistência técnica e análise económica no domínio da legislação relevante para a questão da segurança dos veículos: avaliação do impacto (avaliação de impacto alargada) da introdução do hidrogénio como combustível para alimentar os veículos a motor, tendo em conta os aspectos de segurança e ambientais. Direcção-Geral das Empresas, Comissão Europeia

Veziroglu N. (2000). Sistema de energia solar-hidrogénio: uma resposta duradoura aos problemas energéticos e ambientais. Procedimentos - Fórum para a conversão para uma economia de hidrogénio. Fort Collins, CO.

William L. (2000). A energia no século XXI. Procedimentos - Fórum sobre a transição para uma economia de hidrogénio. Fort Collins, CO.

Inverno J. (2000). Sobre Energias de Mudança: A Solução de Hidrogénio. Gerling, Munique.

MIX
Papier aus verantwortungsvollen Quellen
Paper from responsible sources
FSC® C105338

Printed by Books on Demand GmbH, Norderstedt / Germany